中国旅游业创新和IP发展报告

（2020—2021）

CHINA TOURISM INNOVATION AND
IP DEVELOPMENT REPORT
(2020—2021)

中国旅游研究院
驴妈妈旅游网 编著

中国旅游出版社

序　言

IP 是国际旅游发展的新动能，也是国际旅游企业竞争力和影响力的关键所在。我们看到国际上大型的旅游目的地、旅游企业、旅游目的地，之所以能够取得成功，并不完全依赖于地理或资源优势，而在很大程度上源于对传统的和新型的知识产权的挖掘、彰显及市场推广。从《至爱梵高·星空之谜》动画电影、梵高星夜小路到我国的沉浸式光影秀，荷兰的文化旅游 IP 得到了极大推广。巴黎作为艺术与时尚之都，如果没有巴黎圣母院、左岸咖啡、塞纳河等 IP，巴黎的旅游目的地形象将单薄很多。国际旅游目的地的打造，无论是世界级旅游城市，还是世界级旅游景区与度假区，都离不开对 IP 的挖掘和培育。没有 IP，就没有旅游的未来。没有 IP，就没有世界级旅游强国坚实的市场支撑。

IP 也是旅游企业竞争力、影响力和旅游产业创新发展的关键动能。迪士尼、环球影城等国际企业，除了对阿拉丁、功夫熊猫、哈利波特等知识产权的获得、培育和产品化之外，它们本身也是

IP 的集合体和综合体。从全球视野来看，掌握了 IP 就掌握了旅游业发展的未来。近年来，我国的旅游 IP 正在从概念导入向产品化、市场化、商业化方向转型。中国旅游 IP 虽然起步晚，但在大家的共同努力下，旅游 IP 快速发展并取得了突出成就，这得益于广大人民群众对旅游休闲的新需求。人们不仅要欣赏美丽的风景，也要体验美好的生活；不仅要看传统的自然和历史人文资源，还要新资源和新体验。

如何发展具有中国特色的旅游 IP？希望广大的旅游业者，时刻牢记国之大者，坚持以人民为中心，弘扬正能量，以社会主义核心价值观和共同价值为导向，在传统优秀文化中挖掘动能。通过和科技部门、商务部门合作，让收藏在禁宫中的文物、陈列在大地上的遗产、书写在古籍中的文字活起来，为广大人民群众可感可知。

打造有中国特色的旅游 IP，要坚持科技创新，用好数字化新动能。人工智能、大数据、数字化等科技与旅游业的融合和结合，不能只谈概念，还要变成可触、可感的产品，能够构建大家愿意去旅游、愿意去消费的美好生活新场景。

打造具有中国特色的旅游 IP，要充分发挥市场在资源配置中的决定性作用。让千千万万创业创新者的思想、智慧点亮旅游 IP 之光。我们要永远记住，我们寻求的是竞争优势，而不是垄断地位。每个企业都在旅游生态体系中发挥自己的作用，承担共同而有区别的责任，沿着产业链进行价值共创和融合发展，用文化引领、科技支撑构建全新的旅游产业生态，在这一过程中，旅游IP大有作为，大有可为。

不管是旅游IP的培育和打造，还是旅游业的创新，都要紧紧围绕国家战略。我们要研究国家战略，与国家战略相向而行，只要我们时刻想着人民，旅游IP和旅游业创新一定会有光明的未来。

戴斌

2022年1月22日

前 言

2020年起，新冠肺炎疫情成为旅游经济运行最大的影响因素，随着科学研判、分类指导、动态调整、精准防控的机制越来越成熟，2021年旅游经济总体上呈现“阶梯型”复苏态势。尽管旅游经济受到严重冲击，但我国旅游发展的基本面没有改变。

2020—2021年，新要素催生旅游发展新动能，旅游业创新稳步推进。在本地化、近程化、高频化、自主化出游趋势主导下，需求转变倒逼旅游业加速产品和业态创新，技术创新赋能旅游企业提质增效，虚实相生的旅游需求激发资本新布局，企业家精神仍是引领行业复苏与振兴的中坚力量。

消费升级激发旅游城市创新发展，城市作为重要的客源产出地和主客共享美好生活目的地，成为旅游业创新发展的策源地。中国旅游研究院与驴妈妈旅游网景区和IP旅游大数据联合实验室聚焦国内旅游发展实际，构建区域旅游创新评价体系，开展国内主要旅游城市的创新能力评价分析，研究文化引领、科技支撑、资本助力下的城市旅游创新发展。

文旅融合领域，立足文化深度挖掘和创新呈现的旅游IP快速发展，IP运营成为推进旅游高质量发展的重要抓手。如何做好旅游IP，如何对IP运营效果进行科学评估和修正是目前政府和行业普遍关注的问题。未来，优质IP内容始终是需求追逐的热点，旅游IP营销与变现的企业探索持续活跃。旅游IP内容的生产、维护、推广、变现是持续发展、不断更新的动态过程，需要企业、政府、社会都保有充分的耐心和信心，以长期建设的心态进行孵化和培育。

编者

2022年1月22日

目　录

第一章　常态化防控下的旅游业复苏

第二章　文化引领、科技支撑的行业创新

第三章　国内旅游城市创新能力评价

第四章　旅游 IP 发展

第五章　未来展望

第一章

常态化防控下的旅游业复苏

一、疫情之下的复苏、自救与创新

（一）历经萧条稳步复工复产

2020 年，世界范围内的新冠肺炎疫情给全球经济发展按下了暂停键。基于远行、社交和异地生活体验的旅游经济对疫情尤其敏感，受到的冲击和挑战更是前所未有。据文化和旅游部数据显示，2020 年全年国内旅游人数为 28.8 亿人次，同比下降 52.1%；实现国内旅游收入 2.2 万亿元，同比下降 61.1%。

而在这漫长而艰难的一年中，旅游业表现出了强大的适应性和灵活性。文化和旅游部在 2020 年春节假期开始便果断采取措施，将工作重心从“保障供给，繁荣市场”转向“停组团、关景区、防疫情”，旅游供给侧同时承受了生存、转型和创新的多重压力，旅游企业特别是直接面向游客的旅行社和 OTA 承受了游客中途返程、行前退订和供应商压款等巨大的财务压力。携程、飞猪、驴妈妈、马蜂窝等线上旅游企业推出了“无损退订”；恺撒、众信、春秋、广之旅等线下旅行社也为保障游客的合法权益做了大量的工作，各类型旅游企业及文旅相关部门都在积极为行业的春天积蓄力量。

在经历了开年的停滞之后，旅游业开始了顽强的求索之路。

BOSS 直播、百位县长直播带货、微旅游、人生第一张机票、地球发现者、故宫以东·一见如故等新创意、新线路、新产品不断涌现。酒店、民宿等旅游住宿业，旅游景区、主题公园、旅游购物、交通和餐饮业，都在积极开展企业自救和行业互助工作。旅游业从一开始就处于抗疫的第一线，疫情传播的旅游链条及时阻断。随着疫情防控不断好转，旅游业复工复产有序推进，目的地也循序开放，旅游接待量在稳步回升，同时文旅新业态的发展潜力也在加速释放。

（二）产业迭代升级加速推进

1. 疫情防控新形势，需要旅游业进行服务升级

疫情防控常态化及文旅新业态的发展也带来了新的行业需求。全球疫情不断加剧，境外输入压力始终居高不下，国内小范围感染偶有发生。与此相应，旅游对策研究亟须从“政策救济”“行业自救”“恢复增长”，转变为视“常态化疫情防控”为新的约束条件和目标导向，以此研判旅游产业发展的新走向，并更有效地指导旅游业服务升级。

有效安全管控：“互联网 + 监管”、现代治理体系促进旅游业稳步复苏。

疫情的出现考验和完善着当前公共旅游危机事件的处理效率。2020 年 4 月 9 日，中央应对新冠肺炎疫情工作领导小组发布《关于在有效防控疫情的同时积极有序推进复工复产的指导意见》，其中提出：低风险地区由经营者自主决定复工复市时间，对文化旅游、餐饮及空间密闭且人员集中的场所，通过预约、分流、限流等控制人员密度。4月13日，中国文化和旅游部、卫生健康委联合印发《关于做好旅游景区疫情防控和安全有序开放工作的通知》，就景区限量开放、流量管理等做出了安排。随后，中国国务院联防联控机制发布《关于做好新冠肺炎疫情常态化防控工作的指导意见》，对公众出行的相关场所及方式等做出了更为详细的界定。在疫情常态化防控阶段，各级部门及相关企业也正在政策的引领下守护中国旅游业。可以说，当前中国的旅游业正在一系列政策的指引下，稳步走向振兴之路。

在“互联网＋旅游”的新形势下，包括在线旅游经营服务在内的“互联网＋旅游”活力充足、市场潜力大，契合大众日益升级的旅游消费需求，对提振消费、推动旅游业复苏发挥了创新性作用。同时也产生了新问题，对监管工作提出了新挑战。早在2019年8月，我国便出台了《关于促进平台经济规范健康发展的指导意见》，明确提出“创新监管理念和方式，实行包容审慎监管”的监管准则。文化和旅游部于2020年9月印发的《在线旅游经营服务管理暂行规定》要求坚持包容审慎监管，着力推动行业依法发展、市场规范有序和游客权益充分保障有机统一。同时，《中华人民共和国旅游法》《中华人民共和国电子商务法》中都对互联网相关经营行为做出了明确规范，要求相关经营者接受政府和社会监督。

现代科技手段也将为有效监管、精准防控提供强大保障。通过大数据的方式对活动主体进行有效精准监管。首先，通过旅游数据和信息资源进行定位，实现对旅游各个系统的全方位管控，包括线上投诉信息、服务评价、涉旅安全信息等，为旅游管理部门提供信息获取渠道，让监管部门更加准确地掌握市场反馈，更好地约束市场行为。其次，利用大数据分析游客偏好，判断活动主体提供的服务是否匹配市场需求，通过大数据比对，为市场客群提供最为便利并贴切的服务和产品。第三，通过高效的智能监测，实时反馈旅游服务流程中的问题，即查即办，不断优化；将监测数据进行可视化呈现，相关部门及服务商可进行有效监管、问题追踪或服务优化。

游客安心出游：以智慧旅游为抓手，营造安全、有序的出游环境。

2020 年大众旅游并未完全停滞，不仅出游人数在复工复产后稳步回升，数字化驱动的“智慧旅游”也在一直创新，在此期间更是得到了更多客群的参与。在疫情期间，散客市场和休闲市场仍然以本地游、中近程周边游、自驾游、近郊研学游等形式进行着。散客化、自驾游及自由行有效地扩大了移动通信、移动互联网、地图等旅游大数据和相关人工智能的应用场景，也进一步显现出了高科技制造业、高速铁路及公路、现代航空港在旅游业中至关重要的作用。出游前，人们通过互联网收集目的地攻略、预约酒店、机票等服务项目；在游程中，通过移动设备扫码乘坐交通工具、进入景区、进行线上支付并分享行程趣闻；在目的地，可以体验现代光影技术、无人机表演、沉浸式演出所带来的全感官愉悦。直播所催生的“云旅游”更丰富了国民的日常旅游休闲活动，满足了国民对文旅内容及实时实地感知的高层次需求。2020 年受疫情影响，景域驴妈妈在战疫自救及赋能客户中，举办了超过百场文旅相关直播，包括多场 100 位县长直播，与黄山、舟山等政府文旅大直播，参与上海“五五购物节”的系列活动等，推广目的地美景、人文和特产。2020 年全国旅游服务质量稳中有升，全年游客综合满意度评价指数为 80.95，同比增长 0.77%，游客获得感也在稳步提升。依靠科技创新、理念发展来不断提升服务质量，在公共文化服务、景点景区及目的地革新方面均取得显著成效，使得国内游客的幸福感与获得感不断提升。同时，出境游处于停滞状态，国民出游需求只得聚焦国内市场，这倒逼了国内旅游服务质量的提升；防疫常态化时代对游客出行的安全、卫生问题有了更高的要求，这一诉求也加速了卫生系统、科技系统与旅游业深度融合，使得国内旅游服务质量发展显著。2020 年国内散客综合满意度评价指数为 83.61，同比增长 3.36%，跟团游客综合满意度评价指数为 84.25，同比增长 2.29%，针对国内游客的创新优质产品不断涌现，游客满意度稳定增长。

“预约、限量、错峰、有序”成为旅游出行新常态，旅游治理水平加速提升。扫码即入园、刷脸即通行、无接触服务等现代技术在科学行程安排、精准游客分流等方面发挥了积极作用，使得旅游治理水平显著提升。终端客群消费驱动、现代科技产业引领的智慧旅游新时代已经走到了我们的面前。以智慧旅游为抓手，旅游业正营造着安全、有序的出游环境，保驾着每一位出行者的“安心游”。

2. 旅游高质量发展，需要旅游业加速行业转型

文化和旅游高质量发展。由于旅游业的经济属性，在全面建成小康社会的伟大进程中，旅游业发挥了十分重要的作用。同时，随着我国经济与社会的进一步发展，旅游业在文化与社会层面的积极作用也进一步凸显。党的十八大以来，“改善民生、增强人民幸福感”成为旅游业发展的最高目标，文旅融合战略应运而生，这也是中国旅游业发展进入全新时代的开始。“十四五”时期是我国全面建成小康社会、实现第一个百年奋斗目标之后，乘势而上开启全面建设社会主义现代化国家新征程、向第二个百年奋斗目标进军的第一个五年。对于文旅方面，十九届五中全会审议通过的《中共中央关于制定国民经济和社会发展第十四个五年规划和二〇三五年远景目标的建议》中提出许多针对性建议，比如“实施文化产业数字化战略，加快发展新型文化企业、文化业态、文

化消费模式。规范发展文化产业园区，推动区域文化产业带建设。推动文化和旅游融合发展，建设一批富有文化底蕴的世界级旅游景区和度假区，打造一批文化特色鲜明的国家级旅游休闲城市和街区，发展红色旅游和乡村旅游。以讲好中国故事为着力点，创新推进国际传播，加强对外文化交流和多层次文明对话。”这些建议都体现出文旅融合的时代发展需求。

同时，在疫情防控常态化这一时期，无论是“清明踏青”“‘五一’出游”还是“‘十一’黄金周”都显示出旺盛的民众出行需求。经中国旅游研究院（文化和旅游部数据中心）测算，2020年“十一”八天长假期间，全国共接待国内游客6.37亿人次，按可比口径同比恢复79.0%；实现国内旅游收入4665.6亿元，按可比口径同比恢复69.9%。出门旅游已是新时期人民群众美好生活和精神文化需求的重要组成部分，旅游不仅是经济发展的重要动力，更是推动社会和谐发展的关键内容、当代文化建设的主要方式、多层次文化交流的重要纽带。可见，在常态化疫情防控阶段，旅游业应当高扬文化灵魂，加快文旅融合进程，对外应自觉担负国家文化软实力、国际旅游竞争力提升的历史使命，讲好中国故事，提升中国服务；对内要强调以人为本的发展原则，推动广义文化与全域旅游的融合，树立并践行旅游文明观，提升优质旅游产品供给率，充分满足新时代民众的精神文化需求。

市场下沉与消费升级。在当前的文旅市场，有着较明显的消费升级与消费分级现象。在整体消费升级的情境下，一方面消费层级或阶段在更多区域递延、下沉，如一二线城市消费在升级，而三四线城市或下沉市场的消费正经历一二线城市曾有的阶段，乃至向一二线城市看齐；另一方面不同区域、不同群体的消费层级不同，呈现分级现象。但市场下沉和消费升级让国内旅游消费的整体基础更加稳固，旅游消费的持续增长也反映了强大的下沉市场后的强大需求。据相关报告显示，旅游消费客群开始向着拥有更大人口基数的三四线城市扩散。市场主体的布局下沉带来了新活力，使得基层文化参与度稳步提升，赋能了文化和旅游消费升级。出境游市场依旧冰封，国内旅游热度上升，人们的出行需求稳步提升。在市场发生结构性变化的背景下，如何抓住新的红利，考验着各平台与企业在新环境下的应变能力以及战略眼光和执行力。同时，文化和旅游消费更趋日常化，引导了消费者消费习惯的升级，也推动了旅游消费的进步。过去几年，各大 OTA 们已经将目光瞄准下沉，无论是发力中低端酒店，还是加大对线下渠道的投入，都是为了获取这部分尚未被挖掘的增量。疫情则加速了在线旅游下沉市场的渗透速度，在疫情倒逼整个社会加快数字化进程的大前提下，三四线城市消费者被迫接触并习惯扫码、线上预订等数字化操作，使得 OTA 平台迎来了将触角向三四线城市进一步延展的好机会。

（三）市场主体积极创新求存

1. 新需求、新线路、新产品

预约、分餐、适度、健康、绿色已成文明旅游新风尚，亲子、家庭、文化、品质成为广大游客的新需求。自驾游、周边游、乡村游、本地休闲游带动了智慧旅游、“车旅协同”、数字文化等新业态的快速发展，旅游企业开始加速国内旅游市场战略布局和产品创新。常态化疫情防控要求游客进景区和文化场馆实行预约制，客观上加快了智慧旅游在行前、游中和评价各环节的应用，扫码入园、刷脸通行、无接触服务、机器人送餐等技术创新已经进入了消费场景。受疫情影响，公共交通和旅游大巴乘用人员减少，更多人选择自驾出行。“旅游+汽车”带动了自驾旅游、公路旅行、房车租赁、露营休闲、智能停车、汽车旅馆、新型服务区以及车辆维修保养、安全救援、保险理赔、展览文创、影视传媒等“车旅协同”新业态，拉动了地方政府的基础设施建设和社会投资。各平台、目的地、旅行社在疫情期间破而后立，以实际创新回应市场新需求。

2. 资源整合与资本布局

疫情这一不可抗力使得一批小、弱、散、差的旅游企业陆续歇业，一批虽然具有一定规模但经营模式单一、抗压能力不强的旅游企业、平台面临转型，一批造景、造镇、造城等“工程”也正被“叫停”，一些质量低劣、效率低下的经营主体将被“淘汰”。在危险与机遇并存的 2020 年，旅游业资产重组、产业重铸，正实现着资源配置的优化，使得当下资源与流量向那些具有优质资产、优质内容、优秀经营模式、优秀市场操作的产业主体集聚；向那些在产业链上整合、深耕的投资者、运营商和服务商集聚，以此来铸造更具生存力、发展力和核心竞争力的旅游业产业主体。

在新一轮的资本布局中，政府发挥着强有力的引领作用。各级政府相继出台了施救、帮扶的纾困性政策，及时为旅游企业减负。以此激发消费潜力、促进旅游消费的长效政策；优化旅游企业的营商环境和发展环境的赋能政策；同时支持优质旅游企业、市场主体做优最强的精准政策；并且强化政府主导，引入社会资本和现代科技，推进旅游业“新基建”的政策举措。政府投资、政府项目将成为一个时期拉动旅游消费、促进经济发展的重要举措和重点领域。以结构优化、完善供给和高质量发展引领来凝聚政企合力和社会力量，共赴旅游业的振兴，共谋旅游业的新发展。

二、旅游消费需求牵引行业创新

（一）文化休闲体验升级，催生新业态新场景

近年来，我国国民可自由支配收入不断增长、消费能力逐步

增强，闲暇时间及法定节假日增多，形成了较为旺盛的文化休闲需求；同时公共政策和资金投入也加强了对于休闲业的扶持力度，从而形成了有利于文化休闲业发展的整体环境。疫情常态化防控时代，国民文化休闲体验需求并未停滞，同时也催生着新产品、新业态与新场景。

1. 当前国民文化休闲体验需求升级

（1）休闲需求多样化。

2020 年线上和线下文化活动组合发力，有力保障文化休闲供给，践行主客共享理念。广大人民群众的文化体验主动性不断增强，体验式文化消费成为亮点。为更好研判疫情防控新形势下国内文化市场消费，中国旅游研究院（文化和旅游部数据中心）和上海创图公共文化和休闲联合实验室连续开展国内文化消费专项调查研究，在全国 31 个省、市、自治区开展城乡居民文化消费调查（以下简称“专项调查”），专项调查显示，尽管新冠肺炎疫情对居民的出行产生了巨大影响，但仍有 92.45% 的受访者进行了文化休闲，居民通过线上、线下多元化形式进行文化体验。专项调查显示，2020 年有过文化休闲活动的受访者中，2020 年居民文化休闲频率主要为半年 1~2 次，与 2019 年保持一致，其中每半年内体验频次为 2 次的占比最多（38%），4 次及以上占比 26%。游客对当地生活方式、时尚生活、文化展演、地标建筑、红色旅游点等深度体验的需求不断增长。专项调查显示，相比 2019 年，旅途中文化消费占比达到 30%~60%、60%~90% 的受访者比例显著提高。游客愿意为文化休闲支付更多，文化消费升级稳步推进。2020 年国庆长假期间 85.0% 的游客参与了各类文化休闲活动，参观历史文化街区、博物馆、美术馆的比例分别为 41.8%、40.5% 和 27.1%。

（2）休闲方式云端化。

疫情初期，有组织旅游活动全面停滞，多地景点暂停开放，文化活动停止举办，为满足广大人民群众的精神文化需求，国内多地文化和旅游主管部门、公共文化场馆、企业平台等纷纷推出线上产品。文化消费专项调查显示，89.58% 的受访者进行了线上文化休闲活动体验。线上文化体验形式中，在线影视、视频直播（41.36%）、展演（歌剧、舞剧、音乐会等 34.35%）、公共文化场馆云体验（28.08%）等占比较高，其次为知识充电（17.86%）、在线网课（17.81%）等内容。线上文化休闲产品一方面满足了居民在疫情防控形势下的精神文化诉求，另一方面也为未来居民线下体验提供了更多选项。调查显示，89% 的受访者表示居家线上休闲会激发其未来进行线下体验的意愿。

智慧科技使得部分文旅产品在新冠肺炎疫情期间仍能克服时空限制，满足其休闲需求且使用转化比高，此类休闲或将成为复工复产后的一大发展热点方向。同时，新冠肺炎疫情扩大了市场对虚拟化文旅休闲产品的需求。截至 2020 年 4 月，在使用过“网络虚拟景区”“线上博物馆”“数字文博互动小程序”的消费者中，有一半左右在复工复产后仍然通过这些虚拟体验方式来满足休闲需求。随着新冠肺炎疫情防控常态化与虚拟体验产品的普及，虚拟休闲需求将更加旺盛。

（3）休闲消费理性化：信息对称、周边选择、保障消费。

时间、预算、风险是休闲计划最关键的因素。根据对人群需求满足的层次划分，旅游消费属于享受型消费，在新冠肺炎疫情影响下显示出较大的消费弹性。越来越多的消费者选择中近程的周边游来避免消费旅游体验的不确定性。聚焦本地居民休闲市场，面向当代的文化内容创造和面向居民的文化生活培育等市场潜力巨大。随着国内文化生活配套服务及休闲环境日益完善，立足居民互动性、参与性的文化需求，以民俗文化、艺术体验、沉浸式戏剧、动漫游戏等为代表的体验式文化消费成为热点。

2. 市场需求催生新业态新场景

（1）文旅融合下的休闲产品。

随着技术的成熟与文化需求的升级，文化遗产、文学动漫 IP、诗词书画等文化事物因技术赋能而具有了休闲属性，被活化后的文化事物突破了原有的物理限制和使用方式，旅游休闲的消费价值由此增加。如以“数字故宫”“数字秦陵”为代表的小程序，用 VR 展示、AI 问答、IP 再造等方式创新文博产品的展陈方式，用新文创方式丰富互动体验，促进文化休闲与旅游休闲深度融合。

（2）智能科技下的休闲服务。

休闲作为一种具身性的体验活动，对活动场景时空条件要求较高。以 5G、云计算、大数据为核心的新一代信息技术为城市居民的休闲体验提供了重要的技术平台，为云端休闲提供了便捷、流畅、仿真、互动等效果支持，填补了休闲体验者的零碎闲暇。云逛展、景区直播、预约分流、扫码入园等智慧休闲体验产品已成为文旅复工复产的标配。

（3）文娱 IP 下的休闲产业营销。

文娱 IP 是近年来的休闲营销热点，提倡在商业范畴之外连接更多文化主体。实现全域旅游的关键是文旅 IP 化，通过从景点到 IP 的转换，连接起更广泛的用户情感，让游客愿意一来再来，最终推动整个产业的跨越式发展。以 IP 赋能目的地以新的吸引力，让文化与自然得以焕新。

（二）智慧旅游需求迫切，牵引产业科技创新

随着我国数字经济的快速发展和对“科技 + 文化 + 旅游”新业态的高度重视，智慧旅游呈现出智能化、网联化的发展趋势，其对消费扩容提质的推动作用越发显著。国务院印发的《关于以新业态新模式引领新型消费加快发展的意见》中提出：“新冠肺炎疫情以来，大力发展智慧旅游，提升旅游消费的智能化和便利化水平，进而发挥新型消费的重要作用，在满足人们日常生活需求

同时，促进经济平稳回升。”在我国数字文旅推进下，智慧旅游巨大的发展潜力正在改变文化和旅游产业生态，出现了由深度体验替代浅层观光、情感消费超越物质消费的现象。受疫情影响，2020年假期全国多地开启智慧文旅，AI与VR旅游、数字旅游体验馆、网络直播等多种形式激发了大众的新型旅游需求。

在经济与科技快速发展的今天，我国人民群众日益增长的旅游需求与旅游有效供给不足之间存在矛盾，智慧旅游需求迫切。智慧旅游突出信息化、个性化、便捷化等特点，应当也可以成为发展“全域景区、全产业融合、全社会共建、全民共享、全面高效精细”的全域旅游有效抓手。将数字文旅贯穿于文旅融合发展的各环节，智慧旅游是将物联网、云计算、高性能信息处理和智能数据挖掘等新兴技术与旅游产业相结合，主动服务于游客所需所盼、所忧所虑，使旅游资源得到高度系统化整合，使多元化、个性化的民众旅游需求得到充分满足、深度嵌入并激活旅游业食、住、行、娱、游、购等各要素。

三、宏观政策引领创业创新方向

（一）国家层面战略引导

当今世界正处于百年未有之大变局，就世界旅游格局而言，也处在深度调整期：欧洲进入成熟期、增长乏力，亚太地区和中等收入国家成为推动世界旅游发展的关键力量，中国在世界旅游格局中发挥越来越重要的作用。作为世界第一大出境旅游消费国和重要的入境旅游目的地国，我国正从发展目标、发展策略和相关政策等方面出台必要的调整和应对策略。

“十四五”规划建议发布，为文旅融合指明了方向。从国家战略布局来看，“十四五”时期，国际层面上，“一带一路”倡议持续推进，新的经贸关系即将构建，对外开放新格局加速形成；国内层面上，基于“五大理念”“四个全面”“五位一体”的要求，京津冀协同发展、长三角一体化、长江经济带构建、粤港澳大湾区发展、“三区三州”扶贫攻坚、黄河流域生态保护和高质量发展以及全面深化改革、推进新型城镇化建设、实现乡村振兴、建设生态文明、促进消费升级等战略系统推进。2020年年初的中央一号文件便提出：“打赢脱贫攻坚战，实施乡村振兴战略”的目标。在全面实施国家战略的过程中，旅游业能够而且应该发挥其独特优势，提供更加全面和有力的战略支撑；中共中央、国务院印发了《海南自由贸易港建设总体方案》，支持海南逐步探索、稳步推进中国特色自由贸易港建设，分步骤、分阶段建立自由贸易港政策和制度体系；国务院办公厅印发《关于进一步激发文化和旅游消费潜力的意见》，提出了继续推动国有景区门票降价、提高移动支付便捷程度、开发入境旅游产品及特色商品、鼓励把文化消费嵌入各类消费场所、打造特色类文化旅游演艺产品、推动旅游景区提质扩容、大力发展夜间文旅经济、丰富新型文化和旅游消费业态、加大文化和旅游市场监管力度 9 项措施；国家发改委继续推动景区门票降价，印发《关于持续推进完善国有景区门票价格形成机制的通知》，在惠及民生的同时，持续提升景区科学发展与管理能力。

同时国家积极出台政策，引导行业健康发展、引领时代科技创新。国家发展改革委办公厅继续推动景区门票降价，不断完善门票价格形成机制，着力规范景区价格行为，切实落实门票价格减免政策；2020 年 9 月，国务院办公厅印发的《关于以新业态模式引领新型消费加快发展的意见》中提出，进一步培育壮大各类消费新业态新模式。深入发展在线文娱，鼓励传统线下文化娱乐业态线上化，支持互联网企业打造数字精品内容创作和新兴数字资源传播平台。鼓励发展智慧旅游，提升旅游消费智能化、便利化水平。

（二）文化和旅游部政策

2020 年，国家不断出台相应政策来促进文旅融合、推动科技赋能。文化和旅游部、国家发展改革委等十部门联合印发《关于深化“互联网＋旅游”推动旅游业高质量发展的意见》，提出优化“互联网＋旅游”营商环境，以数字赋能推进旅游业高质量发展。

文化和旅游部积极推出微视频等互联网文化产品，以互联网为传播载体，不断拓展宣传展示民族文化的平台与窗口。同时，自2020年10月1日起，《在线旅游经营服务管理暂行规定》正式实施，该规定恰逢其时，规范着因疫情愈发活跃的线上旅游市场。同年10月，文化和旅游部发布关于《文化和旅游部关于进一步优化营商环境 推动互联网上网服务行业规范发展的通知（征求意见稿）》提案答复的函，关于“推进数字赋能，提升服务体验”提出：一是运用大数据平台，建立游客安全监控体系。建立综合监测与应急指挥平台，接入全国3000多家国家5A级、4A级旅游景区数据，实时了解景区复工复产及流量管控情况。国务院联防联控机制疫情防控组成立大数据分析工作专题组，推动部门间数据共享，支撑各地利用大数据精准防控；二是推进云上旅游，云上旅游等新业态蓬勃发展，在线旅游平台、旅游景区纷纷通过在线直播展示旅游资源、推介旅游线路、销售旅游产品。2020年文化和自然遗产日期间，举办了“云游非遗·影像展”“非遗购物节”活动，开设了“博物馆网上展览”专栏；三是推动智慧景区建设，编制印发《智慧旅游景区建设指南》，对全国智慧旅游景区建设进行规范引导，鼓励景区开展在线观光、在线科普和在线营销推广，指导景区应用科技成果提高服务能力和管理水平。

文化和旅游部还将推动在“十四五”国家重点研发计划有关

专项中开展“文化和旅游大数据平台”“景区智能物联网”“沉浸式体验”等方面的应用基础研究、共性关键技术研究和应用示范，加强数字技术在文化和旅游领域的应用和推广。同时还提出关于推动数字文化产业高质量发展的意见：夯实数字文化产业发展基础、培育数字文化产业新型业态、构建数字文化产业生态。

同时文化和旅游部积极引导旅游企业、大中专院校、科研机构加强产学研合作，促进旅游业线上线下深度融合，进一步推动科研理论探索与实践创新相结合。

（三）地方主管部门政策

部分地方主管部门在 2020 年适时推出了一系列促进政策，在帮助旅游业渡过难关的同时，完善顶层设计、稳企减压降负、丰富旅游产品、刺激旅游消费、激活市场活力，为民众提供更丰富的出行选择和更丰饶的精神文化生活。各地支持文旅消费振兴的举措密集出炉，主要体现在两方面，一是大力促销，通过发放文化旅游消费券，增加旅游优惠力度，促进旅游消费潜力释放；二是优化旅游产品，提升旅游体验。通过鼓励线上消费，增加旅游消费场景，提升旅游服务供给能力，挖掘潜在消费需求（表 1-1）。

表 1-1　2020 年部分省市文旅政策出台情况

地区	政策名称	政策内容
海南	《海南省旅游产业振兴计划（2020-2023）》	从短期、中期、长期三个阶段制定好海南旅游业疫后恢复重振计划，如支持企业稳定经营、强化财政金融扶持、降低企业运营成本、诚免缓缴相关税费、探索创新支持政策
	《海南省旅游市场推广促销实施方案》	待疫情稳定后全面开展国际旅游消费年系列活动，积极吸引国内外游客，并针对全国医务人员等群体开展特定优惠，实施海南人游海南计划，充分释放本地消费，恢复国外包机航线，视情况恢复和开辟入境旅游市场
	《海南省重点产业发展专项资金（旅游产业）使用实施细则》	对购买旅游突发公共安全事故保险险种的旅游企业给予保费 30% 的补贴；对企业新增贷款当年产生的利息（续贷、展期视同新增）进行补贴，补贴金额不超过项目贷款实际支付的利息总额，且一般不超过两年；重点扶持的全域旅游创建项目可全额贴息；单个项目贴息总额不超过 500 万元等
	《海南省振兴旅游业三十条行动措施（2020-2021 年）》	主要目的是在用好“省八条”“旅六条”的基础上，出台财税、金融、用地等系列扶持政策，完善顶层设计、稳企减压降负、丰富旅游产品、刺激旅游消费、激活市场活力，千方百计帮助旅游企业渡过难关
北京	《北京市入境旅游奖励与扶持资金管理办法》	奖励与扶持包括旅行社入境外联人天项目、旅行社入境外联人天增幅项目、旅行社入境接待人天项目、旅行社入境接待人天增幅项目、旅行社入境包机项目和入境旅游特别奖 6 个项目

续表

地区	政策名称	政策内容
上海	《上海在线新文旅发展行动方案（2020-2022年）》	以习近平新时代中国特色社会主义思想为指导，认真践行“人民城市人民建、人民城市为人民”的重要理念。坚持新发展思维，推动高质量文旅发展，有效激活市场主体活力。把支持线上线下融合的新业态、新模式作为文旅转型升级、拓展服务功能、推动改革创新的重要突破口，着眼质量变革、效率变革、动力变革，加快推动文化旅游行业数字转型、智能升级、融合创新，满足人民群众精神文化生活的新期待，进一步增强城市软实力和国际影响力
云南	《关于助推云南旅游企业复工复产抗疫措施的方案》	明确游客因旅游过程中感染新冠肺炎造成的损失，由云南旅游组合保险赔付；疫情期间加快处理旅游案件，给予旅游企业金融支持；为参保旅游企业赠送从业人员感染新冠肺炎的保险保障；研发疫情隔离保险产品，助推企业复工
浙江	《浙江省新型冠状病毒感染的肺炎疫情防控领导小组关于支持小微企业渡过难关的意见》	对受疫情影响较大的物流运输、批发零售、住宿餐饮、旅游等行业的小微企业，全力做好纾困工作，各金融机构不得盲目抽贷、断贷、压贷
	《关于加快乡村休闲旅游业有序恢复营业的通知》	要求各地切实将乡村休闲旅游业纳入当地复工复产的重要内容予以通盘考虑，在做好疫情防控工作的前提下，采取有效措施，全力支持推动乡村休闲旅游业加快恢复营业
福建	《福建省应对新型冠状病毒感染的肺炎疫情扎实做好“六稳”工作的若干措施》	将对旅游企业采取减免税费等举措。其中，莆田市、福州市、厦门市、三明市分别在金融支持、减税等多方面，给予旅游企业相应的扶持

续表

地区	政策名称	政策内容
广西	《关于支持打赢疫情防控阻击战促进经济平稳运行若干措施的通知》	对受疫情冲击严重的乡村旅游及休闲农业经营企业、经营户，经行业主管部门审核可减免 2020 年度部分收费、适当延长已发放到期的贷款还款期限并免收罚息
	《文化和旅游行业加快全面复工复产工作指引通知》	要求各市、县新冠肺炎疫情防控指挥部，区直、中直各单位指引我区文化和旅游行业统筹抓好疫情防控和经济社会发展，加快文化和旅游行业全面复工复产
贵州	《支持文化旅游业恢复并高质量发展十条措施》《省级文化和旅游发展专项资金奖补兑现工作实施细则》《贵州省关于加大文旅企业信贷支持力度实施细则》《贵州省强化文旅企业融资担保服务实施细则》	八条相关配套实施细则，帮助文旅企业共渡难关，全力支持文化旅游业恢复并高质量发展
重庆	《关于应对新型冠状病毒感染的肺炎疫情支持中小企业共渡难关的二十条政策措施》	涉及旅游企业的具体措施包括：减轻企业用电用气负担等举措
河北	《关于金融支持河北省文化产业和旅游产业高质量发展的若干措施》	涉及旅游主管部门的有四项：加大信贷支持力度、减轻房屋租金负担、积极培育消费热点和研究制定疫情结束后应对服务需求反弹的预案等措施
	《关于有效应对疫情支持全省文旅企业发展的十条政策措施》	包括加大资金扶持力度、实施减税降费、降低企业运营成本、积极促进稳岗就业、支持完善基础设施和公共服务体系、促进重点文旅项目加快建设、支持文旅企业提质升级和产品创新、加大政府购买公共服务支持力度、加强旅游市场宣传营销

续表

地区	政策名称	政策内容
山西	《关于推动文旅企业应对疫情及准备复苏的若干措施》	主要涉及稳定企业运营、降低运营成本、加大财政支持、强化金融扶持、加强宣传推广等方面内容
辽宁	《支持文化和旅游企业共渡难关若干政策措施》	落实相关扶持政策措施、加大财政支持力度、加强金融政策支持、推进重点项目加快建设、支持开发新业态 / 新产品、支持企业实施开源节流、加快制定促进消费提振措施、协助解决文旅消费中的法律纠纷、统筹做好市场宣传营销、加快企业优化结构提升品质、优化提升政务服务水平
	《科学应对疫情　开展“春台行动”进一步促进全省旅游业高质量发展的意见》	用 49 条具体举措精准对接旅游业防控解困，全力释放消费潜力，促进市场复苏繁荣，推动文旅融合发展
吉林	《关于进一步支持打好新型冠状病毒感染的肺炎疫情防控阻击战若干措施的通知》	涉及旅游旅业的减免相关税费、生态旅游等方面举措
	《关于应对疫情影响支持服务业健康发展的若干政策举措》	在推动复工复产、减税降费、加大财政金融支持力度等方面精准施策。其中提及对雪季运营的旅游滑雪场、旅游景区、度假区和已经认定的乡村旅游经营单位、文旅综合体给予补助
	《吉林文旅“春风计划”》	包括“文旅企业扶持壮大计划、产业蓄能计划、产品提升计划、激发文化活力提振文旅消费计划、‘雪后阳春’省内游复苏计划、‘吉行天下’对外营销推广计划、冬季市场引爆计划、宣传领航计划、监管护航计划”9 大任务 48 项措施

续表

地区	政策名称	政策内容
黑龙江	《关于应对新型冠状病毒感染的肺炎疫情支持中小企业健康发展的政策意见》	直接涉及旅游企业的包括：加强对小微企业的信贷支持，以支持文化旅游企业恢复生产。对于受疫情影响较大的批发零售、住宿餐饮、物流运输、文化旅游等行业以及有发展前景但暂时受困的企业，银行机构不得盲目抽贷、断贷、压贷。对受疫情影响严重的企业到期还款困难的，可予以展期或续贷
江苏	《关于促进文化和旅游消费若干措施》	包括 3 个方面 12 条措施，如到 2022 年建成 15 个以上自驾车旅居车营地；建设 30 个以上省级夜间文旅消费集聚区、10 个以上国家级夜间文旅消费集聚区；30 个省级文化和旅游消费试点单位等
	《关于应对新冠肺炎疫情影响促进文旅产业平稳健康发展的若干措施》	包括推动纾困惠企政策落实到位、引导和推动文旅项目建设、促进文旅消费扩容提质、深化产业融合发展、助力文旅市场恢复、优化文旅市场环境 6 大方面共 18 条措施，帮助文旅企业走出困境
陕西	《陕西省旅游业恢复发展预案》	陕西省各市在旅游市场恢复的过程中，应按照先室外、后室内；先自然山水、后历史人文：先近程周边、后远程出境；先小众精品、后大众产品的顺序，有序恢复旅游市场
安徽	《关于加大政策调节力度促进经济持续健康发展的意见》	重点扶持住宿餐饮、交通运输、文化旅游等受疫情影响较大行业，释放新兴消费潜力

续表

地区	政策名称	政策内容
江西	《关于支持森林旅游景区景点复工复产八条措施的通知》	包括暂退旅行社保证金、加大对企业的金融支持、鼓励申请创业担保贷款、支持减免企业租金、落实税收优惠政策、延长办理社保业务期限、加大宣传营销力度、激发市场消费潜力、提升从业人员素质和景区品质
	《关于打好“组合拳”提振旅游消费的通知》	包括引导居民健康出游、推行周末弹性作息、实行景区门票优惠、开展营销推广活动、鼓励发行消费卡（券）、引导消费跨界融合、提升旅游服务质量、加强宣传舆论引导
	《关于支持森林旅游景区景点复工复产八条措施的通知》	提出支持国家级森林公园申报实施中央预算投资的林相改造项目；支持符合条件的森林旅游景区在该局官网等平台开展营销推介；鼓励森林公园和森林旅游景区景点积极参与创建示范活动，推进森林旅游目的地建设和森林康养产业发展，鼓励森林旅游景区景点向抗疫一线医务工作者推出优惠活动
山东	《山东省精品旅游景区建设三年行动方案》	力争到2022年，全省国家5A级旅游景区总数达到15家，建成精品旅游景区50家；全省旅游景区在国内外知名度大幅提升，游客满意度达到90%以上
	《关于应对新冠肺炎疫情影响促进文化和旅游产业健康发展的若干意见》	提出加大疫情防控力度、缓解企业经营压力、助推市场恢复活力、增强产业发展动力四大项共20条举措

续表

地区	政策名称	政策内容
河南	《文化和旅游部办公厅关于抓好促进旅游业恢复发展纾困扶持政策贯彻落实工作的通知》	包括暂退旅行社质保金、用足财税帮扶政策、争取社保缓缴和稳岗补贴、用好金融支持政策、切实减轻企业负担、提前做好宣传和推介工作、有序推动重大建设项目复工复产、谋划好疫情过后的文化和旅游活动等
湖南	《关于支持文化和旅游业战疫情促发展的若干措施》	支持文化和旅游企业开展在岗培训，按培训人数给予一次性培训补助；对积极参与防疫工作的星级旅游饭店、A 级旅游景区等文旅企业，给予财政奖补；对减免中小文旅企业租金的非国有资产类经营用房业主，给予财政奖补等
广东	《关于积极应对新冠肺炎疫情影响、促进文化旅游体育业平稳健康发展、扩大市场消费的若干政策措施》	从指导文化旅游体育企业有序复工复产、加大政策支持力度、精准帮扶受疫情影响严重的行业、大力提振文旅体消费市场以及保障文旅体基础设施和重点项目建设等方面精准施策，帮助全省文化旅游体育业渡过疫情难关，提振发展信心，扩大市场消费，实现平稳发展
四川	《关于应对疫情促进文化和旅游产业稳步发展的措施》	推出 15 条措施促进文旅企业在疫情期间恢复和发展，措施政策从 3 月 26 日起实行，有效期至新冠肺炎疫情解除后再顺延 3 个月
宁夏	《关于有效应对疫情支持文化和旅游企业加快复工复产的措施》	加快推进全区文化旅游项目的审核和资金拨付进度，适时调整全区文化和旅游发展专项资金，通过项目补助、贷款贴息、以奖代补和其他方式，支持文化和旅游企业疫情后恢复生产

续表

地区	政策名称	政策内容
内蒙古	《内蒙古自治区促进旅游业发展预案》	在“基本恢复期”（2020 年 3 月至全面解除疫情前），做好疫情防控工作的前提下，稳妥推进旅游市场有序开放。在“恢复发展期”（全面解除疫情后），全区旅游经营活动正常开展
	《内蒙古自治区贯彻落实〈关于进一步加强非物质文化遗产保护工作的意见〉的实施方案》	着力加强艺术创作生产、加强公共服务提升、加强文物保护利用、加强非遗保护传承、加强文旅产业发展、加强资源开发利用、加强市场培育监管、加强对外交流合作、加强文旅融合发展
甘肃	《关于助力文旅企业纾困做好文旅产业项目融资对接工作的通知》	在全国率先开展合作对接，加大金融支持文化旅游产业发展力度

数据来源：各省市政府网站。

经历了新冠肺炎疫情，人们很大程度上改变了对自身健康的认知。随着人们对康养旅游意识和出行需求的增强，康养旅游逐渐成为流行的生活方式，生态自然型更受青睐。根据文化和旅游部资料显示，从 2021 年 1 月起，海南、云南、甘肃相继出台康养旅游新政策，引导“大健康”旅游业新方向。同时，随着新技术的发展，各地积极开展各类线上旅游营销，开展了一系列如微旅游、百位县长文旅助农、抖 in city、景点门票直播贩售等旅游目的地及旅游产品的营销活动。

第二章

文化引领、科技支撑的行业创新

2020年5月14日，中央政治局常委会会议上正式提出“充分发挥我国超大规模市场优势和内需潜力，构建国内国际双循环相互促进的新发展格局”战略。从根本上讲，双循环的目标是要改变中国经济中市场和技术两头在外的现象，更多地依靠国内市场和技术创新，而国内市场需求的提升有赖于不断地创新产品和服务，技术创新的结果也使市场上涌现出更多创新产品和服务，因此创新是双循环的战略基点，是引领发展的第一动力，在我国现代化建设全局中处于核心地位。2020年，中国是全球唯一实现经济正增长的主要经济体，GDP总量实现历史性突破，首次超过百万亿元，经济增长呈现出居民消费加速回暖、出口保持韧性和制造业投资开始修复等多个亮点。

2020年是“十三五”向“十四五”跨越的历史交会期，在这一时期，我国经济向高质量发展、产业结构向现代服务业转型优化，旅游消费正在成为经济发展新动能。旅游产业是人民的幸福产业，是人民美好生活的重要组成部分，其发展与人民的精神需求息息相关。2020年3月，国家发展和改革委员会等23个部门联合印发《关于促进消费扩容提质加快形成强大国内市场的实施意见》，鼓励旅游产业通过技术创新、营销创新、业务创新、服务创新等手段推进旅游消费提质升级。后疫情时代，旅游产业需要以创新为第一核心动力源，以需求侧管理为突破点，以全域旅游为着力点，构建旅游与国家“双循环”相适应的新发展格局。

一、文化强国战略推进融合化发展

文化是一个国家、一个民族的灵魂，文化兴国运兴，文化强民族强。党的十九届五中全会提出到 2035 年建成文化强国的战略目标，并对如何实现这一战略目标做出新的谋划和部署。全会还提出，要健全现代文化产业体系，推动文化和旅游融合发展，建设一批富有文化底蕴的世界级旅游景区和度假区，打造一批文化特色鲜明的国家级旅游休闲城市和街区，发展红色旅游和乡村旅游。

随着经济社会发展和人民生活水平提高，我国进入大众旅游新时代，单纯以观光看景为主的旅游已经不能满足游客“求新、求奇、求知、求乐”的旅游愿望。将优秀的人文资源引入旅游，用文化提升旅游品位，一方面能促进旅游产业创造更多体现文化内涵、获得大众青睐的旅游精品，另一方面也能大力弘扬中华优秀的民族文化和精神。

（一）主客共享的公共文化空间建设

随着经济社会的发展，人们对美好旅行生活和文化休闲的向往只会越来越高。“十三五”期间，“网红城市、网红社区”频现，其共同特点是主客共享属性越来越强。主客共享是指传统的本地居民—游客二元空间边界日渐模糊，本地居民和游客共享城市基础设施、公共服务、消费场景和人居环境，游客分享当地生活，当地居民提升生活品质。

永嘉县以“主客共享”为发展理念，创新公共文化服务和旅游融合新路径，通过“城市书房进酒店”“有声图书”进民宿、“送戏下乡”进景区等创意文化活动，真正让居民和游客共享诗与远方“慢生活”。松阳县坚持“文化引领乡村复兴”，并以艺术建筑为载体，推进乡村博物馆建设，打造了一系列小而精、小而美、小而特的文化空间，并由当地居民亲自参与保护和管理，将当地文化、风物、原住民有机整合在一起的松阳县生态（乡村）博物馆群项目展现着松阳农耕土地上的生活百态，吸引游客纷纷前往打卡。常州市深入挖掘“常州三杰”红色文化资源，通过积极探索“政府主导、社会参与、共建共享”全新模式，建设了以瞿秋白同志命名的新型城市文化空间秋白书苑，目前已建成的10家秋白书苑，服务读者超100万人次，并从“公共文化一花独放”迈向了“文旅多元业态共生共融”的新格局，入驻历史文化街区和历史文化院落的秋白书苑与历史文脉和古老建筑交相辉映，成为向游客和市民讲述“常州故事”、传承“诗画常州”的最佳注脚。

疫情常态化的当下，本地休闲和近程旅游逐渐成为主流，居民与游客的边界将日益模糊。立足文化，打造主客共享的公共文化空间，一方面能丰富本地居民精神生活，宣扬本土优秀文化，另一方面能满足游客文化体验需求，提高旅游满意度，以上主客共享的公共文化空间建设典型案例为旅游产业的创新提供了另一种思考方向和商业模式。

（二）文化资源转化为旅游要素

新的研究表明，为了获得生活经历或经验而进行的“体验消费”，比为了拥有物质类商品而进行的“实物消费”，更能有效促进个体的幸福感。在这种背景下，文化休闲日益成为旅游的重要方式，文化体验日益成为旅游的重要目的。我国幅员辽阔、历史悠久、民族众多，革命历程波澜壮阔，社会主义建设精彩纷呈，文化事业和文化产业蓬勃发展，文化资源非常丰富。通过对文化场馆的改造提升和对文化资源的挖掘利用，增强旅游服务功能，完全可以让收藏在博物馆里的文物、陈列在广阔大地上的遗产、书写在古籍里的文字都活起来，进一步提高公共文化服务效能。

当前，全国各地也纷纷加大旅游商品文创化、特色伴手礼培育、推广。如在文化和旅游部及原国家旅游局支持下，中国旅游商品大赛已举办12届，上海消保委连续多年举办上海特色伴手礼评选，三亚、西安、厦门等城市举办的文化创意设计大赛等，参展、评选优秀设计作品，集中推广文创旅游商品，鼓励行业高质量发展。景域驴妈妈集团开发伴手礼一站式开发平台——风旅阁，以年轻消费群体审美为导向，在满足功能性开发的基础上，通过文化创意、潮流玩法植入等，让伴手礼有品质、品位、趣味。同时，驴妈妈集团转变经营思路，通过日常营销、电商推广等，将文创旅游产品变成日常消费品。

随着红色旅游兴起，井冈山依托深厚而独特的红色资源，创造性地推出了集体验式、参与式、互动式为一体的红色教育研学旅游。井冈山红色教育研学旅游以井冈山精神为主线，围绕“走一段红军小路，听一堂传统教育课，向革命先烈献一束花，吃一顿红军套餐，看一场红色歌舞，学唱一首红军歌谣”的“六个一”培训活动，形成了“现场教学、体验教学、情景教学、访谈教学、红歌教学、专题教学”六大教学模式，让厚重的红色文化活起来了，增强了游客的代入感。2019 年，井冈山公共接待红色培训学员 43.57 万人次，培训人次连续五年呈阶梯式增长，培训学员遍及全国 31 个省（区、市）和港澳台地区。

文化是旅游发展的灵魂，旅游是文化发展的依托，旅游产品的竞争力最终体现为文化的竞争，故而将文化资源转化为旅游要素，能最大限度地强化旅游产品的核心竞争力。此外，丰富的文化资源将为旅游产品创新输送源源不断的灵感，市场上的文化旅游产品将日新月异，游客的文化体验诉求将得到极大满足。

（三）以旅游传播坚定文化自信

习近平总书记在党的十九大报告中指出，“没有高度的文化自信，没有文化的繁荣兴盛，就没有中华民族伟大复兴”。如何坚定文化自信，继承和弘扬中华优秀文化，是新时代赋予旅游产业的新课题和新使命。雒树刚提出，旅游产业发展与精神文明建设密切相关，发展旅游经济，对弘扬我国优秀文化传统，增强中华民族的凝聚力，都具有十分重要的意义。

旅游是一种跨越时空的综合性审美活动，是一种短期的异地休闲生活方式和跨文化交流活动，其过程一般包括对旅游资源或对象的认知、欣赏和解读，将客源地与目的地特征进行联系之后产生比较和联想，在经历文化冲突后的迷惘、审视和反思以及在文化调试过程中对自身及目的地文化的二次认知、新的认同或再欣赏。由此不难看出，相对于传统的通过书籍、会议、报道等宣扬中华优秀文化，旅游的深层次体验和精神沉浸可以使文化传播和认知有更强的真实感和趣味性，能够增加人们对文化的认可度，从而有助于坚定文化自信。

旅游也是不同国家、不同文化交流互鉴的重要渠道，是传播文明、交流文化、增进友谊的桥梁。像古丝绸之路，既是一条商旅之路，也是一条文化交往之路，每一名商务旅游人都是文化使者，每一次旅行活动都促进文化相通。由中国旅游研究院与 Google 联合发布的《2019 中国入境游游客行为与态度研究报告》（以下简称《报告》）指出，在入境游客选择目的地时，自然景观、人文体验和安全是最主要的影响因素，而考虑中国作为旅游目的地时，文化与旅游融合是来华入境游客追求的关键性旅游体验。《报告》显示，探索历史文化和游览博物馆是外国入境游客来体验文化之旅的主要形式，入境游客更愿意从具备中国文化特色的旅游产品中了解中国文化。华侨城集团在全国近百座城市，充分发挥自身产业优势，不断挖掘项目当地文化内涵，创造具有示范性的文化旅游项目，传播经典文化，坚定文化自信，成为国内唯一一家同时获评“全国文化企业30强”“中国旅游集团20强”的企业集团，培育并发展了一系列具有市场竞争力的文旅产业集群和品牌。

二、科技推进新时期智慧旅游建设

习近平总书记指出，科学技术从来没有像今天这样深刻影响着国家前途命运，从来没有像今天这样深刻影响着人民幸福安康。要推动科技支撑的服务业现代化，就需要充分发挥企业作为技术创新主体的作用，切实推动创新要素向企业集聚。5G、大数据、人工智能、物联网等新技术的应用和数字化科技企业的进入，进一步增强了旅游产业创新发展的动能。事实上，疫情期间激发的“云旅游”“云导游”“云展览”“云直播”等新兴业态以及为应对常态化疫情防控要求形成的预约旅游、无接触服务等技术应用创新已为智慧旅游建设提供了现实样本并指明了前进方向。

（一）旅游目的地数字化转型

网络信息化时代，国内旅游消费呈现出大众化、生活化、品质化特点，游客对景区的网络购票、扫码入园、电子导览等服务需求飞速增长。发改委、文化和旅游部相继出台一系列文件对智慧旅游和智慧景区等工作提出指导意见：2019 年 12 月，发改委下发的《关于改善节假日旅游出行环境促进旅游消费的实施意见》提出为进一步优化节假日旅游出行环境，鼓励各地积极提升智慧旅游服务水平，充分运用虚拟现实（AR）、4D、5D 等人工智能技术打造立体、动态展示平台，为游客提供线上体验和游览线路，重点推进国家 4A 级以上旅游景区实现手机应用程序（App）智慧导游、电子讲解等智慧服务。2020 年 10 月，文化和旅游部下发《关于政协十三届全国委员会第三次会议第 4825 号（文化宣传类 263 号）提案答复的函》，鼓励景区开展在线观光、在线科普和在线营销推广，指导景区应用科技成果提高服务能力和管理水平。2020 年 11 月，文化和旅游部、国家发展改革委等十部门联合印发《关于深化“互联网 + 旅游”推动旅游产业高质量发展的意见》，提出要大幅度提高旅游景区互联网应用水平，建成一批智慧景区、度假区、村镇。

科技提高景区安全防控能力。以科技为支撑，通过分时预约、智慧引导等手段，能够有效分流疏导游客，做好游客流量关口前置管控。随着旅游市场的重启，根据疫情防控需求，福建省文化和旅游厅推出了“全福游分时预约系统”，全面整合全省所有国家5A级旅游景区和大部分国家4A级旅游景区的预约数据，通过对接共享、智能化分析，引导游客“能约尽约”、错峰旅游，保障了游客安全出游，提升了游客的满意度。西溪湿地自3月20日开启线上门票预约，对单日游客总量实行限制管控，园区瞬间流量不超过最大瞬时流量的30%，每日预约量不得超过2.4万人，对团队游客，安排分时段、间隔性入园，提倡省内团队游客每团不超过30人，实行分散式游览，严控人员聚集。深圳东部华侨城旅游度假区通过在官方电商平台“花橙旅游”上线购票健康信息确认、景区预约管理等服务，有效实现游客实名信息留存和人流控制疏导，为游客打造安心、舒适的旅游环境。截至2020年9月27日，除部分开放式免票景区外，全国280家国家5A级旅游景区中，已有264家旅游景区建立实施了分时预约制度，占总量的94%左右。“预约旅游、错峰旅游”正在成为景区提升科学管理、提升游客体验、推进高质量发展的重要指引。

科技强化景区游览管理。通过实名制购票、扫码入景区、高清探头全覆盖等手段，做到可查询可追踪、做好游客信息动态监测、加强科学预判预警。广西通过不断升级“广西旅游直通车”智慧旅游平台，完善景区客流监控、景区预约服务、健康码互联互通、景区门票预售等功能。同时，完善全区旅游景区视频监控系统，对主要景区、网红景点可能出现的瞬时聚集情况进行预警和干预，目前，广西7家国家5A级旅游景区、247家国家4A级旅游景区全部接入自治区景区视频监控系统。四川依托“智游天府”公共信息服务平台，开展门票预约，发布温馨提示，做到预约前往、实名登记、健康扫码、间隔游览。山东在执行景区“日报告”的基础上，梳理存在人员聚集风险的旅游景区，全部接入全省旅游数据平台，设立重点景区报警机制，省市县联动进行流量调控。洛阳龙门石窟新增了20路高清探头，实施“一张屏”巡查调度、“一张屏防疫”管理，实现了全景区智慧化指挥调度。

（二）游客体验的全面提升

旅游产业发展的根本宗旨是为游客提供旅游经历、创造旅游体验。游客的旅游体验是体验经济时代下行业内一种全新表现形式。游客体验内容丰富，既包含精神层次感受，又包括物质层次感受，既有浅层次的直观感受，又有深层次的心理感受。游客体验是旅游者在旅游世界中获得身心一体的畅爽体验。随着科技的快速发展和技术成果的广泛应用，旅游产业充分借助科学技术，推进智慧旅游建设，提高游客旅游体验，促进旅游产业高质高效发展。

后疫情时代，科技从个性化、品质化、安全性等方面全面提升了游客体验。在个性化方面，科技突破文化和旅游在时空上的限制，运用AR、VR等技术将旅游资源进行全方位展示，让游客足不出户便可自由选择任意想去旅游的景点。敦煌莫高窟上线数字敦煌，以3D全景展示30个洞窟，且配有详细的介绍文字和高清图像，游客可在其中畅通无阻地游览。北京在就地过年背景下推出线上“新春游园汇”，在春节期间推出10场新春直播、15场云游导讲，集合市属11家公园及中国园林博物馆开展云上游览、线上观展、云端科普等活动，为游客提供丰富的旅游选择，提高游客的个性化体验。在品质化方面，科技助推旅游产品焕然一新，如江苏周庄借助VR光影科技打造了升级版的夜周庄；河南开封利用虚拟现实技术，呈现出裸眼3D效果的《微梦大梁门》，为游客带来了全新的感官，让游客叫好不断。在安全性方面，科技为游客游前、游中、游后全程保驾护航：在游前，游客可通过客流量实时查询、分时预约、线上购票等方式安全且快速地安排旅游行程，如在武汉，游客可通过“武汉战疫”微信小程序，实时查看黄鹤楼、汉口江滩等14个热点区域的当日客流量；在游中，游客可通过无纸化入园、无感体温监测、数字导览等方式便捷且舒心地进行旅游观光，如景区引入人脸识别测温一体机，通过无接触认证，降低了交叉感染的风险；在游后，游客可通过旅游行程全记录等方式，在突发公共事件时，能有效追踪溯源，防范重大风险。

（三）旅游实验室经济探索

实验室经济是企业通过自建或与高校、科研机构共建实验室，探索集技术创新、产品研发与生产发展于一体的新商业模式。作为产研融合的高级形态，实验室经济有效地将企业敏锐的市场导向感和高校科研院所的科技创新优势结合在一起，形成了“实验室＋市场”的组织结构，具有市场导向性强、科技成果转化率高、技术人才成长快、经济效益高等特点。典型的实验室经济模式是以美国为代表的“知识技术化、技术产品化、产品市场化”。以实验室经济为依托，通过大数据链接供需，研发形成市场需要的时尚、有感的新元素和新产品，将为文化和旅游高质量融合注入新兴动能。超大规模且需求日趋品质化的国民旅游市场，就是实验室经济发展的最好试验田。我国在高铁、移动支付以及 5G、移动互联网、大数据、人工智能等技术方面的领先优势，也将为实验室经济发展提供坚实的数据和技术支撑。

旅游实验室经济是以美好生活场景创造为导向，利用“资本＋技术”双轮驱动，通过科技的、实验的、商业的手段，研发新项目、新产品、新服务。旅游经济文化和旅游部重点实验室以中国旅游研究院为依托单位，吸纳中国电信股份有限公司、银联商务股份有限公司、上海携程国际旅行社有限公司、北京马蜂窝网络科技有限公司、上海景域文化传播股份有限公司、上海创图网络科技股份有限公司为共建单位，致力于旅游经济与政策分析的基本方法、基础数据、分析系统、成果转化和人才建设，旨在为旅游主管部门及旅游行业发展提供决策支撑。研究水平方面，旅游经济文化和旅游部重点实验室结合文化旅游市场发展形势，在核心期刊、主流媒体上积极发声；行业发展贡献方面，实验室以“政府资助、院企合作、战略牵引、商业研发”为目标，务实推进文化和旅游融合的高质量发展进程；学科发展与人才培养方面，实验室一直致力于旅游经济与政策分析的基本方法、基础数据、分析系统和成果转化建设，力争成为有先进的理论及技术支撑的集“数据采集—监测模拟—成果转化—人才培养”于一体的旅游经济分析决策支持平台，为政府、行业和游客提供决策和咨询服务。全球最大的主题公园迪士尼于2008年成立迪士尼研究中心（Disney Research），率先开启了旅游领域以实验室发现市场、加快产品创新的通道。上述成功案例检验了旅游实验室经济的可行性，同时为其高质量发展奠定了坚实基础。

三、企业家精神引领行业复苏与振兴

企业家及企业家精神是旅游企业发展的关键驱动力。习近平总书记在党的十九大报告中提出，要“激发和保护企业家精神，鼓励更多社会主体投身创新创业，建设知识型、技能型、创新型劳动者大军，弘扬劳模精神和工匠精神”。习近平总书记把“企业家精神”和“工匠精神”放在重要地位加以强调，对激发企业家创新创业热情给予了正向肯定与激励。

2020 年，在文化和旅游产业遭遇前所未有的挑战之际，众多旅游企业领导人敢于作为、勇于担当，为行业信心恢复和全面复工复产贡献了重要力量。包括在疫情初期，企业家自行垫资数亿元为游客提供无损退订和免费取消服务，极大缓解了疫情下的各方焦虑。诸多企业家亲自直播带货，以私域流量带动企业自救，成为疫情以来行业自救的主力军，充分彰显了企业家精神在企业发展的关键时刻的重要作用。

（一）大型旅游集团创新

疫情发生以来，大型旅游集团积极响应党中央号召，在疫情发生初期率先停止所有旅游组织活动，在疫情防控中后期，坚定发展信心，积极开展互助自救，以文化引领服务创新，以科技支撑企业转型发展，充分展现集团企业的行业担当。

增加新业务，多维度创收。中国旅游集团开通“线上巴士商城”和免税商品在线预订等新业务，启动加盟门店减免计划，三亚免税城 2020 年 1 月 27 日至 2 月 13 日在线累计实现销售同比增长 92%。同程等在线平台积极拓展电商零售业务，东方、春秋、吉祥、华夏、重庆、四川等航空公司抓住各地有序复工复产的交通旅游产业需求，主动推出价格灵活的包机服务。中国岭南集团通过岭南酒店和广之旅易起行平台，推出外带安心居家美味服务，让老百姓能够不出家门享受名厨定制美味。华侨城集团推出 240 余场高品质的文化和旅游活动以及多款新产品，推动产品、活动、服务“三箭齐发”。携程开设“BOSS 直播”，通过资源端与渠道端的强强合作以及政府与企业间的共赢协同，引领旅游市场实现生态链自救和行业复苏，以实际行动彰显企业担当。

创新旅游产品，引发市场爆点。中旅旅行顺应文旅融合，深挖文化资源，推出爆款旅游项目“故宫以东”，包括“故宫里的小怪兽”“天坛声学与建筑奇迹”“器晤华夏”国博课程、“国风匠心景泰蓝体验制作”和“游戏京城之寻玉记”等九个旅游产品，既顺应了疫情常态下亲子家庭出游的需求增加，又以深厚的文化底蕴和丰富的互动体验为内容，配以“有品质、有温度”的服务，寓教于乐，“游”“学”并举，一经推出便获得了游客和市场的广泛好评。武汉旅游体育集团在疫情稳定后的 2020 年国庆假期推出《夜上黄鹤楼》，以“黄鹤仙子”表演为引线，选取园内八处景点，融入现代光影技术，采取“光影 + 演艺”模式展现黄鹤楼仙文化，游客边走边看，体验辛氏沽酒、崔李题诗以及黄鹤楼变迁等沉浸式故事场景，为这座千年名楼添了新玩法。

（二）专业化的中小型企业创新

蓄势待发，民宿迎来风口。疫情暴发后，国内游客在住宿消费上更加注重安全性、私密性和品质化，出游小众化、分散化成为新的消费趋势，进一步促进了国内住宿消费升级和供给优化，以精品化、小型化、小众化为特点，为游客提供独特消费体验感和个性化、差异化住宿服务的民宿迎来了快速爆发的行业风口。部分民宿平台推出“包栋”类型，远离人群的大自然特色民宿与民宿主人确认清洁消毒的三大保证，解决消费者疑虑与痛点，同时强化只有亲友同行的出游概念，并呈现不同人数的商品推荐，甚至 2~4 人也能住独栋小木屋，这样精准的痛点诉求让信息打开率与点击量较以往高出 30%。木鸟民宿升级中长租功能，为多场景消费用户群提供服务；号召房东积极参与多渠道直播活动带动民宿出租售卖，同时展开乡村民宿的预售，以高性价比刺激用户消费欲望，帮房东实现现金回流，共渡难关。此外，木鸟民宿通过 OKR 和时间管理等通用技能的线上培训，主动赋能员工，优化组织管理，不断提升组织效能和个人效能，磨炼团队。花田溪度假民宿在疫情期间，对民宿客人进行细分，推出会员充值活动、会员日免费体验活动，通过充值活动增加民宿现金流，通过免费体验活动，增加客户重复体验次数，提升信任感，增强客户黏性。

顺势而变，入境旅游另谋出路。2019 年我国入境旅游市场保持 2015 年以来的恢复增长，市场结构持续优化，但突如其来的新冠肺炎疫情中断了入境旅游原有的增长态势。中国旅游研究院发布的《中国入境旅游发展报告 2020》显示 2020 年上半年我国入境游客接待 1454 万人次，同比下降 80.1%。疫情之下入境旅游市场的大幅下滑意味着旅游接待业务骤减，对入境旅游企业，尤其是入境旅行服务商带来沉重打击，但入境旅游企业均不畏艰难，积极创新以谋自救。北京赫默科技（LETS）和桂林唐朝通过开发 2B、2G 端业务，搭建多元化的经营业态，中国旅游集团旅行服务有限公司则主动向国内业务转型，加入中国经济的“内循环”。

（三）互联网企业创新布局

中国旅游研究院发布的《中国旅游集团发展报告（2020）》显示，2019 年我国国内旅游人数达 60.06 亿人次，全年旅游总收入 6.63 万亿元，预测未来 5 年，我国有望形成年均百亿旅游人次和 10 万亿元消费规模的国内游大市场。世界旅游城市联合会首席专家、全国休闲标准化技术委员会副主任、中国旅游协会休闲度假分会会长魏小安甚至用一句话对未来旅游市场进行了预判：“今年，熬；明年，活；后年，火。”在这样的背景下，抖音、小红书、拼多多、京东等互联网巨头相继布局旅游版图，提前“占坑”，以此进一步提升和巩固流量，并利用流量变现。

早在 2019 年 5 月，抖音就新增旅游信息咨询业务，正式进入旅游 UGC 板块；2019 年 9 月，抖音发起“抖音美好打卡地”文旅认证品牌，通过结合线上数据评估及线下专业评审评分，向用户推荐旅游目的地；2020 年抖音上线了酒店预订、门票预订按钮，支持从视频旅游种草到在抖音 App 内闭环完成，同时还加入了地图服务和团购功能，大举进军旅游产业。2020 年 4 月，小红书推出 Red 旅游产业 City 城市计划，以“周边游”“直播”和“民宿”为切入点入局旅游：在周边游和直播方面，小红书与平台内的旅游博主合作在各大城市及周边发起旅游种草直播活动，在民宿方面，小红书与小猪短租达成战略合作，后者将为小红书开放预订入口，此外，小红书还与花筑旅行达成合作，全面渗透民宿。2020 年 12 月，拼多多全面上线旅游出行业务“多多旅行”，同时在百亿补贴专区也上线了旅游类目及产品，主打特惠、低价策略，目前已有春秋旅游、齐乐游和华住等多位商家入驻，覆盖机票、酒店以及跟团游等多项 OTA 业务。京东集团与携程集团签署战略合作协议，携程核心产品供应链将接入京东平台，双方将在用户流量、渠道资源、跨界营销、商旅拓展、电商合作等方面开展全方位的合作，提高消费者旅行服务品质的同时推进城市文旅产业建设。

四、资本助力拓宽旅游发展格局

2005 年以来，全球旅游投资始终保持高速增长，年均增速超过5%，最高年份达到13%，特别是亚太地区，2019年旅游投融资总量达到1200亿美元，占世界旅游投资总规模的38%，对世界旅游的快速发展起到了巨大的推动作用。旅游产业的综合性很强，是拉动经济发展的重要动力，自“515战略”“旅游+战略”和“全域旅游战略”实施以来，旅游投资增长率连续保持高速增长，在全球旅游投资平均增速低于5%的当下，我国文旅投资总体保持着两位数的增长。

（一）资本看好旅游产业长期发展

旅游产业仍是受市场认可的最具投资价值的优选领域。中国旅游研究院的专项调查显示，71.5%的受访者表示，疫情结束后等稳定一段时间就会外出旅游，20.7%的受访者表示，疫情过去后会尽快安排外出旅游，江西、湖南、广东、河南、广西、福建、北京等地的受访者疫后出游意愿更为迫切。庞大的市场规模、强劲的消费需求以及国家宏观政策层面对旅游行业发展的支持是旅游产业被资本看好的关键所在。在2020年中国服贸会特别设立的旅游投融资大会上，签约总额仍达到157.1亿元人民币，包括青岛大泽山风景名胜区项目、浙江兰溪国际游艇小镇项目、国际音乐之都项目、安全文化体验中心综合体项目、白河湾国际休闲小镇一期项目等22个意向签约项目。疫情期间，受海南国际旅游消费中心建设政策推动，海南省新增注册旅游类企业达4000余家。阿里巴巴收购了全球最大免税零售巨头 Dufry 的 6.1% 股份，两家公司还将在中国组建一家合资公司，发展中国的免税消费业务。京东数科参投了 Traveloka 的战略融资，投资金额为 2.5 亿美元。

（二）旅游投融资加速市场资源整合

旅游投融资通过集聚和扩散机制，一方面能有效推动旅游经济实现规模经济，另一方面还可以促使旅游企业间更好地开展合作，实现资本在产业部门之间的合理流动与优化配置，改善产业部门间资本比例关系，从而加速市场资源整合。2020 年广之旅相继并购上海申申国际旅行社、西安龙之旅秦风国际旅行社和山西现代国际旅行社，将东西南北全覆盖，在基本完成布局体系的同时将进一步增加支点密度、丰富功能模块、形成互驱动能。浙江旅游投资集团整合浙江旅游集团和浙勤集团资产，山东省属企业文化旅游、医养健康资产重组整合。华住与融创文旅成立合资公司——永乐华住酒店管理有限公司，后者将为华住提供丰富的物业资源库，未来合资公司旗下运营的酒店品牌将主要聚焦商旅和文旅两个领域，包含施柏阁、施柏阁大观、花间堂、永乐半山、宋品等高端及奢华品牌，双方共同加码高端酒店市场。亚朵和万科签署合作，双方将在酒店市场拓展中优先匹配相关资源，落地包括万科深圳沙井星城项目在内的多个酒店项目。同程航旅战略投资了聚焦国内飞行员培训模式和理念创新的创飞（苏州）通用航空，双方未来将为同程航旅旗下湖南航空的飞行员梯队建设及升级提供人才输送，并通过飞行员培训模式和课程创新等，面向民航业提供服务和技术赋能。恺撒旅业收购世嘉饮料股权，将进一步完善公司餐食业务布局，丰富公司航食、铁路配餐产品种类，提升餐食产品竞争力，加强公司拓展业务及盈利的能力。

（三）多元资本开拓创新领域

随着中国社会经济逐步进入双循环的大环境及后工业消费型社会发展阶段，我国的旅游产业正在向品质观光化与主题休闲度假化、功能提升与体验多元、IP 引领等方面转型，在疫情影响下，诸如都市休闲、康养度假、运动休闲、夜间旅游等主题体验型需求将加速释放。在都市休闲方面，2020 年 12 月中旅投资战略投资 3.91 亿元入股开元森泊度假乐园，双方缔结深度战略伙伴关系，将依托“开元森泊”品牌打造市场标杆产品，共同致力于旅游目的地新业态的开发、运营和推广，实现双方产业协同和品牌升级。在康养度假方面，宜兴市政府投资 200 亿元，与灵山文化旅游集团共建大拈花湾文化旅游康养项目，将以文旅匠心之作贯穿马山、周铁两岸，推动文旅产业与新技术、新领域、新经济融合创新，构建极具吸引力、感染力、震撼力的心灵度假目的地。在运动休闲方面，中赫集团拟投资 200 亿元，承担北京冬奥会核心区配套保障功能，打造“崇礼太子城小镇”国际级体育空间，覆盖登山、露营、攀岩、丛林探险等多种体育娱乐项目。在夜间旅游方面，融创文旅集团和融创文化集团联手打造了“夜夜夜阿狸”，致力于为城市消费者提供具有本土特色的夜生活业态，推动城市“夜经济”和“夜文化”发展，拉动夜间旅游消费，同时促进文化、旅游与现代技术相互融合，发展新一代沉浸式体验型文化和旅游消费内容，为全国游客呈现缤纷夜游盛宴。

第三章

国内旅游城市创新能力评价

《中国旅游业创新与IP发展报告2019》从区域创新角度对国内33个省、市、自治区进行了旅游视角的创新能力评价，通过对创新环境、创新投入和产出的分析，得出了华东、华南地区领跑国内旅游创新，科技投入对创新贡献突出，文化资源将成为创新着力点等结论。聚焦国内旅游发展实际，辅助旅游城市和行业更快更好发展，本书拟在区域旅游创新评价体系基础上，通过开展针对国内60个主要旅游城市的创新能力评价分析。

一、旅游城市创新能力评价体系

（一）城市创新能力相关研究

城市创新能力是指城市对知识进行生产，并将其转化为新技术、新工艺、新产品与新服务的能力，该能力由知识创新、技术创新、制度创新、服务创新等能力构成[1]。目前国内学者对城市创新能力的研究主要集中在城市创新能力评价及其指标构建、城市创新能力影响因素、城市群创新能力和城市创新能力的比较研究三个方面。

在城市创新能力指标体系的构建中，范柏乃[2]等（2002）、段利忠和刘思峰[3]（2003）等从知识创新能力、技术创新能力、制度创新能力、服务创新能力和宏观发展能力五个方面对城市创新能力进行指标体系的构建；李斌等（2020）[4]尝试对城市创新能力进行测度，提出创新环境是影响和制约创新活动的重要因素，评价指标主要包括知识创新、技术创新、政府支持和服务、创新基础环境四个维度。何天祥[5]（2010）将城市创新能力指标体系归为四层：第一层是创新能力评价系统；第二层是知识创新力、技术创新力、产业创新力、管理与制度创新力、环境支撑力和网络协同创新力六大评价指标；第三层是 22 个准则层；第四层是 5 个具体评价指标。

城市创新能力影响因素方面，范柏乃（2020）[6]、包海波（2019）[7]及何舜辉（2017）[8]对我国城市创新能力的影响因素进行了研究。范柏乃等认为制度因素、经济基础、研发投入和信息化程度对城市创新能力造成正向影响，对外开放度则表现出负向影响[6]；何舜辉等认为经济基础、人力资本、教育水平、FDI 规模、制度因素及基础设施这 6 个方面因素不同程度地影响城市创新能力的形成[7]。

城市群创新能力和城市创新能力的比较研究方面，谢远涛等（2017）[9]以资源型城市为评价对象，构建了包括创新投入、创新产出、创新环境、创新绩效四个维度的具有资源特色的创新评价指标体系，利用 2014 年统计数据对资源型城市进行了城市创新技术评价分析。易明等（2017）[10]对长江经济带城市群的创新效率进行了时间和空间分析，挖掘出了相关城市的差异性。曹勇[11]等人以我国四大直辖市为研究对象，选取发明专利申请量、发明专利授权量、专利申请量、专利授权量、大中型工业企业新产品产值及高技术产业产值共六个指标测量四大直辖市之间的创新能力。廖妮和李月霞（2011）从创新产出能力、创新效益能力、创新研究能力、创新投入能力和创新环境5个方面出发，评价了湖南郴州城市创新能力。

（二）旅游创新能力相关研究

旅游创新研究开始于创新内涵和类型的界定，主要表现为旅游创新影响因素、动力机制、政策措施等，是旅游创新能力研究的核心及基础[12]（徐晨，2014）。Weiermair（2004）[13]、Decelle（2006）[14]等将“创新”的理念引入旅游产业，认为旅游创新是先前未出现生产活动中重新组合的生产要素，主要强调“新”的理论。旅游创新也被认为是新产品、新服务、创意等从萌生到落地的动态过程，并非静止不动的多维组合[15]。现如今在国内旅游创新的研究中，学者对旅游创新的概念和细分的理论相对较少，但是基于市场结构或者资源业态创新类型的示例不断涌现，如市场营销创新[16][17]、政府部门管理创新[18]、旅游景区和企业创新[19][20]、旅游产品线路创新[21]等，同时，国内学者对旅游管理学科建设人才和人才培养创新也有研究。

旅游创新能力的概念目前未有明确、权威的界定。王冠孝、晋迪通过对前人文献的梳理，将旅游创新能力定义为旅游经营管理部门以促进旅游业优质发展为根本目标，以产品创新、服务创新、技术创新、组织创新、管理创新、营销创新、体制创新和机制创新等为路径，对各类资源和要素进行重新组合的能力[22]。总结以往研究，旅游创新能力的研究主要集中在旅游创新环境、区域经济发展水平、旅游发展水平、旅游产业基础等几个方面，同时在查阅文献的过程中，也存在大量学者对旅游创新能力指标建立进行研究。

在旅游创新环境研究方面，综合以往研究成果，主要包括地区经济发展水平、旅游产业基础、教育投入等方面。经济发展水平方面，根据 Furman 等（2002）[23]、魏守华等（2010）[24]、周业安等（2012）[25]的研究，选择人均 GDP 代表地区经济发展水平，该指标是衡量地区经济发展水平的常用指标，对区域创新有重要影响，因此假设经济发展水平对旅游创新竞争力有显著影响。旅游发展水平方面，Glaeser 等（1992）[26]提出产业水平提升引致外部规模经济和知识溢出，进而推动创新能力提升，因此假设旅游发展水平与旅游创新竞争力密切相关，选取旅游总收入占 GDP 比重指标来衡量。旅游产业基础方面，学者较为统一地认为，产业基础状况对其创新竞争力有重要影响，因此假设旅游产业基础对旅游创新竞争力有显著影响。旅游创新能力指标体系的建立方面，Lluis 等（2008）将创新网络系统的相关概念引入旅游产业，建立了区域旅游创新体系，进一步评价了旅游景区的创新能力，并实证了区域的旅游产业创新发展状况[27]；李冠颖等（2013）以上海为例，基于结构方程模型建立旅游创新能力的评价指标体系，分析其旅游创新能力的影响因素及其重要程度[28]；江珂（2012）选取经济社会环境指标、产业创新支撑指标、产业创新投入指标、产业创新产出指标和产业创新潜力指标构建旅游业创新能力的评价体系，并以广州、深圳为例综合测算了旅游业的创新能力[29]。

（三）旅游城市创新能力评价体系构建

基于上文前人理论研究成果，本章结合当前国内旅游业创新发展的实际情况，构建城市视角下的旅游创新能力评价体系，并以此对国内 60 个旅游城市进行创新能力评价分析。《中国旅游业创新与 IP 发展报告 2019》以国家统计局社科文司“中国创新指数（CII）”① 为基础，构建了区域旅游创新能力评价体系，本章聚焦旅游城市，在区域旅游创新能力框架的基础上结合城市特征进行了优化调整，形成旅游城市创新能力评价体系。为客观反映建设创新型国家进程中我国创新能力的发展情况，中国创新指标体系分成三个层次。第一个层次用以反映我国创新总体发展情况，通过计算创新总指数实现；第二个层次用以反映我国在创新环境、创

① 国家统计局社科文司“中国创新指数（CII）研究”课题组在发布2005-2011年中国创新指数（China Innovation Index，CII）的基础上，对 2012 年的创新指数进行了测算。中国创新指数（CII）评价指标体系包括创新环境、创新投入、创新产出、创新成效 4 个方面，共 21 个评价指标。本书以国家统计局社科文司“中国创新指数（CII）研究”的创新指数框架为基础，结合旅游创新实践指标体系。

新投入、创新产出和创新成效4个领域的发展情况，通过计算分领域指数实现；第三个层次用以反映构成创新能力各方面的具体发展情况，通过上述4个领域所选取的21个评价指标实现。本章的旅游创新能力评价，以创新环境、创新投入、创新产出和创新成效为一级指标，根据以往旅游学界、业界研究成果设定二级和三级指标。综合指标体系如下。

1. 旅游创新环境体系

旅游城市创新环境体系主要反映驱动创新能力发展所必备的城市经济基础、人才队伍、学术研究等基础条件的支撑情况，共设3个二级评价指标，5个三级评价指标（表3-1）。

（1）经济基础。

城市旅游创新依赖于行业发展程度和市场前景，旅游行业的发展需要以城市综合经济实力为支撑，城市经济发展为旅游全域环境发展、配套服务设施建设、目的地综合吸引力提升等提供坚实后盾。居民收入水平和消费支出提高有效满足了本地居民和异地游客文化和旅游休闲的旺盛需求，多元化需求倒逼行业创新供给，提升城市旅游创新能力。基于此，本章在经济基础指标设定中，以人均GDP作为衡量经济发展水平的指标，以人均可支配收入和人均消费支出衡量人民生活水平的改善和消费动态。

（2）旅游人才培养。

人才是创新主体，也是旅游高质量发展、行业转型升级的核心力量。旅游人才的迅速成长与旅游人才队伍的高效建设，将为旅游城市的业态创新、产品创新、服务质量升级提供优质人力资源，推动旅游企业家成长，充分发挥企业家精神引领作用。国内各省市旅游高等院校每年输出的优秀人才可为旅游创新持续提供新鲜血液，因此，本章以旅游高等院校学生数量作为创新环境中人才培养的重要指标。

（3）旅游学术研究。

旅游理论是学术界基于产业实践的观察和思考，是运用科学范式理性抽象的结果。优秀的学术研究成果既能很好地解释世界，也能指引未来的方向。或者说，了解旅游理论研究的前沿动态，是掌握旅游市场和战略决策的前沿思想不可或缺的有效路径。以国家社会科学旅游课题为代表的学术研究对全社会文旅创新投入和创新活动的开展具有带动和导向作用，该指标反映学术研究对创新重点、关键和前沿领域的规划和引导作用。

表 3–1　旅游创新环境评价指标体系

<table>
<tr><td rowspan="5">创新环境</td><td rowspan="3">经济基础</td><td>人均 GDP</td></tr>
<tr><td>人均可支配收入</td></tr>
<tr><td>人均消费支出</td></tr>
<tr><td>人才培养</td><td>高等院校数量</td></tr>
<tr><td>学术研究</td><td>国家社会科学旅游课题数量</td></tr>
</table>

2. 旅游创新投入体系

旅游创新投入的数量和质量决定了旅游创新产出，投入资源从宏观层面包括政府和市场层面，因此，投入指标体系通过旅游相关的政府财政投入、文化旅游资源投入情况来反映创新体系中各主体的作用和关系，该领域共设 2 个二级指标，8 个三级指标。

（1）旅游相关政府预算投入。

旅游行业高质量发展离不开政府扶持，创新导向的财政支出为实施国家重大发展战略、推进重点领域改革、促进实体经济发展等提供了强有力支持。政府财政支出可为城市旅游各领域创新发展提供有力扶持。财政科学技术方面的资金支持可为提高城市综合创新能力、激励市场创新意愿、提升科技研发水平等发挥积极作用；教育支出通过对各层次教育扶持可为城市和旅游行业积极输出优质人才；文化旅游体育与传媒支出将对旅游创新项目、技术攻关等提供资金和利好环境；整体的一般公共预算支出将对区域各个领域进行资源分配，财政支出整体规模将反映城市或区域的整体投入质量。因此，财政预算投入指标体系包括一般公共预算支出、科学技术支出、教育支出、文化旅游体育与传媒支出四个方面。

（2）文化和旅游资源投入支出。

文化和旅游资源禀赋是城市旅游创新发展的最核心要素，具体资源包括景区、星级饭店、旅行社、文化场馆等。城市旅游创新最终落脚点是景区、饭店、旅行社等市场主体的产品、服务和商业模式创新，文旅融合战略背景下，文化场馆将对提升地区吸引力，为城市引流提供重要助力。因此，文化和旅游资源投入指标包括A类景区、星级饭店、旅行社、文化场馆四个方面（表3-2）。

表3-2　旅游创新投入评价指标体系

创新投入	旅游相关财政投入	科学技术支出
		教育支出
		文化旅游体育与传媒支出
		一般公共预算支出
	文化和旅游资源投入	A类景区数量
		星级饭店数量
		旅行社数量
		文化场馆数量

3. 旅游创新产出及成效体系

本模块为创新成果体现，城市旅游创新能力一方面体现在旅游行业传统考核指标的促进方面（旅游人数增长和旅游收入增加），另一方面体现在城市综合创新成果产出方面。本指标体系主要通过旅游市场指标和城市创新成果两方面来反映，该体系共设2

个二级指标，5 个三级指标。

（1）旅游市场指标。

2020 年新冠肺炎疫情席卷全球，旅游市场遭遇重创，出入境旅游陷入停滞，旅游行业在国家政策引导下积极自救，专注国内领域积极推进内循环，疫情倒逼行业积极通过文化、科技、资本等手段推进创新，旅游智能化、智慧化发展以及游客体验升级均取得了突出成绩。本章聚焦国内旅游市场旅游创新成效，衡量国内旅游市场的发展情况，以 2020 年国内旅游人数和国内旅游收入为主要依据进行评价。

（2）科技创新成果。

科技创新成果是考核城市旅游创新成果的组成部分，以发明专利、学术论文为代表等成果是创新领域的重要产出。本指标体系由三个部分组成：每万人口发明专利拥有量、旅游相关研究成果发表数量、旅游相关专利。其中的专利授权数包括旅游相关的发明、实用新型、外观设计三项国内专利授权数，每万人口发明专利拥有量、旅游相关专利是创新活动中产出的又一重要成果形式，也是反映研发活动的产出水平和效率的重要指标。知识产权是智力劳动产生的成果所有权，论文同样属于知识产权的一部分。旅游相关核心论文是旅游创新成果的另一种输出形式，本报告以中国知网检索的 SCI、EI、CSSCI、CSCD 核心期刊数量作为衡量创新研究成果的指标（表 3-3）。

表 3-3　旅游创新产出及成果评价指标体系

创新产出及成果	旅游市场	国内旅游人数
		国内旅游总收入
	科技创新成果	每万人口发明专利拥有量
		旅游相关研究成果发表数量
		旅游相关专利

二、区域旅游创新能力评价

基于上文的城市旅游创新能力评价指标体系，本章采用熵值法进行权重设定。熵值是不确定性的一种度量。信息量越大，不确定性就越小，熵也就越小；信息量越小，不确定性越大，熵就越人。因而利用熵值携带的信息进行权重计算，结合各项指标的变异程度，利用信息熵这个工具，计算出各项指标的权重，为多指标综合评价提供依据。基于熵值法区域旅游创新能力评价指标框架如表 3-4 所示。

表 3-4　旅游创新综合评价体系及权重

创新环境（22.52%）	经济基础	地区生产总值 GDP	0.061
		人均可支配收入	0.006
		人均消费支出	0.007

续表

创新环境（22.52%）	人才培养	高等院校数量	0.051
	专业研究	国家社会科学旅游课题数量	0.100
创新投入（50.7%）	财政投入	科学技术支出	0.110
		教育支出	0.058
		文化旅游体育与传媒支出	0.074
		一般公共预算支出	0.064
	旅游资源投入	A 类景区数量	0.034
		星级饭店数量	0.031
		旅行社数量	0.069
		文化场馆数量	0.067
创新产出及成果（26.78%）	旅游市场	国内旅游人数	0.037
		国内旅游总收入	0.042
	科技创新成果	每万人口发明专利拥有量	0.072
		旅游相关研究成果发表数量	0.056
		旅游相关专利	0.062

※ 数据来源：①经济基础、科研投入、政府投入数据来源于全国各省、直辖市、自治区 2020 年国民经济和社会发展统计公报。②专业研究数据来源于国家级旅游基金项目数据库；旅游论文数据来源于 CNKI 检索数据。③专利申请授权数据来源于国家知识产权局网站查询数据。④人才培养、产业规模、游客规模、旅游收入数据来源于文化和旅游部官方网站及各省市文化旅游管理部门发布数据。

基于指标框架及权重分配，本章对全国60个主要旅游城市（参见附表1）进行旅游创新能力评价分析，得出结果如下。

（一）华东地区旅游城市领跑旅游创新

创新能力评价结果显示，国内60个旅游城市创新能力排名（表3-5）前二十位分别为：北京、上海、深圳、广州、重庆、杭州、成都、南京、武汉、天津、西安、合肥、青岛、长沙、昆明、济南、宁波、苏州、郑州、长春。从地理区域看，华东地区旅游综合创新能力较强，前二十位城市中华东占据八席，华北、华中、西南各占据三席。从城市角度看，华东地区城市处于第一梯队，旅游城市创新指数排名主要集中在35位之前；其次为华中地区，旅游城市创新指数排名大多集中在40位之前；华北地区北京、天津、西安旅游创新较好，其余城市创新能力处于中等水平；西南地区重庆、成都、昆明旅游创新较好，贵阳、拉萨等城市旅游创新偏弱；东北旅游城市（长春、沈阳、哈尔滨、大连、吉林、延边）创新排名主要集中在20~40位；华南地区城市分化较为明显，深圳、广州、南宁等旅游创新较好，北海、汕头、三亚等旅游创新仍有空间；西北地区城市（兰州、乌鲁木齐、延安、西宁等）旅游创新能力排名偏后。

表 3–5 城市旅游创新能力 – 综合排名结果

排名	城市	指数	排名	城市	指数	排名	城市	指数
1	北京	8.26	2	上海	7.31	3	深圳	4.56
4	广州	4.52	5	重庆	3.86	6	杭州	3.45
7	成都	3.42	8	南京	3.36	9	武汉	3.23
10	天津	2.95	11	西安	2.48	12	合肥	2.17
13	青岛	2.17	14	长沙	2.14	15	昆明	2.06
16	济南	2.06	17	宁波	1.99	18	苏州	1.91
19	郑州	1.90	20	长春	1.54	21	福州	1.52
22	无锡	1.51	23	南昌	1.49	24	厦门	1.39
25	温州	1.37	26	沈阳	1.37	27	贵阳	1.35
28	哈尔滨	1.34	29	南宁	1.30	30	大连	1.27
31	太原	1.18	32	珠海	1.17	33	石家庄	1.15
34	桂林	1.14	35	烟台	1.05	36	洛阳	0.96
37	兰州	0.94	38	秦皇岛	0.93	39	九江	0.85
40	乌鲁木齐	0.80	41	呼和浩特	0.77	42	赣州	0.76
43	承德	0.74	44	湘潭	0.72	45	吉林	0.70
46	海口	0.68	47	遵义	0.68	48	黄山	0.59
49	大同	0.53	50	延安	0.52	51	北海	0.47
52	西宁	0.47	53	银川	0.43	54	拉萨	0.42
55	丽江	0.41	56	汕头	0.36	57	三亚	0.36
58	广安	0.36	59	延边	0.33	60	张家界	0.29

从细化指标来看，在创新环境体系板块，北京、上海、武汉、广州、重庆、杭州、南京、长沙、成都、济南等既是热门旅游城市，也是国内或局部区域经济发达且人口密集的城市，人均 GDP、人均可支配收入和居民消费收入都处于较高水平。创新环境评价排名靠前的城市人均 GDP、人均可支配收入也大多处于国内前列，除去文旅自然资源和人文资源，排名前二十位城市的交通运输、信息技术、基础设施、公共服务等产业已发展较为成熟，优越的经济基础为旅游创新奠定了良好的基础，既有庞大多元的市场需求，又具备资本、人才、政策优势提供优质的旅游供给，形成旅游创新的经济基础优势。从旅游人才培养角度看，北京、武汉、广州、重庆、郑州、上海、西安、成都、长沙、天津的人才储备相对充足。从旅游学术研究角度看，北京、上海、武汉、南京、杭州、广州、长沙、济南、重庆、成都的创新研究环境较好（表 3–6）。

表 3–6　城市旅游创新能力 – 创新环境结果

排名	城市	排名	城市	排名	城市
1	北京	2	上海	3	武汉
4	广州	5	重庆	6	杭州
7	南京	8	长沙	9	成都
10	济南	11	天津	12	西安

续表

排名	城市	排名	城市	排名	城市
13	昆明	14	郑州	15	合肥
16	南昌	17	深圳	18	苏州
19	长春	20	石家庄	21	福州
22	沈阳	23	青岛	24	太原
25	厦门	26	贵阳	27	兰州
28	大连	29	南宁	30	呼和浩特
31	宁波	32	乌鲁木齐	33	哈尔滨
34	无锡	35	湘潭	36	温州
37	烟台	38	桂林	39	洛阳
40	西宁	41	海口	42	赣州
43	银川	44	珠海	45	遵义
46	吉林	47	九江	48	拉萨
49	秦皇岛	50	汕头	51	延边
52	承德	53	三亚	54	延安
55	大同	56	北海	57	广安
58	丽江	59	黄山	60	张家界

在创新投入板块中，创新评价排名前十位的城市为上海、北京、深圳、广州、重庆、天津、成都、杭州、南京、青岛。政府财政投入是影响地区旅游创新能力的重要指标，政府通过公共预算支

出对旅游业及周边产业进行投资，通过改善地区社会公共环境、改善民生来提高旅游目的地吸引力。综合一般财政预算支出以及科学技术、教育、文化旅游体育与传媒支出指标，上海、北京、深圳、重庆、广州、天津、成都、南京、宁波、杭州位列前十位。旅游资源禀赋是关系旅游创新能力的重要组成。我国地大物博，各地区虽然经济社会发展水平有所差异，但资源禀赋各有特色，自然景观、人文景观、文化场所、酒店、旅行社等均是旅游创新的重要抓手，从文化和旅游资源投入角度看，北京、上海、重庆、广州、深圳、杭州、青岛、合肥、济南、成都评价较高（表 3–7）。

表 3–7　城市旅游创新能力 – 创新投入结果

排名	城市	排名	城市	排名	城市
1	上海	2	北京	3	深圳
4	广州	5	重庆	6	天津
7	成都	8	杭州	9	南京
10	青岛	11	合肥	12	宁波
13	西安	14	武汉	15	济南
16	郑州	17	昆明	18	苏州
19	长春	20	无锡	21	温州
22	秦皇岛	23	长沙	24	福州
25	沈阳	26	珠海	27	哈尔滨

续表

排名	城市	排名	城市	排名	城市
28	厦门	29	烟台	30	承德
31	洛阳	32	大连	33	石家庄
34	赣州	35	桂林	36	贵阳
37	南宁	38	南昌	39	太原
40	九江	41	遵义	42	黄山
43	大同	44	延安	45	丽江
46	海口	47	呼和浩特	48	北海
49	乌鲁木齐	50	兰州	51	吉林
52	广安	53	拉萨	54	延边
55	汕头	56	银川	57	湘潭
58	西宁	59	三亚	60	张家界

在创新产出及效果板块中，创新评价排名前十位的城市为北京、上海、武汉、杭州、南京、成都、深圳、广州、西安、昆明。基于城市旅游创新投入，在国内旅游指标方面，武汉、上海、杭州、成都、北京、九江、昆明、宁波、贵阳、南昌的旅游人数和国内旅游收入提高取得了较好成效。科技创新成果输出方面，北京、上海、深圳、南京、武汉、杭州、成都、广州、西安、重庆的创新成果较为突出。旅游专利为地区旅游产业技术水平提升和

游客体验改善发挥积极作用，旅游学术成果为市场主体制定战略、旅游管理部门决策以及引领行业发展提供重要参考（表 3-8）。

表 3-8 城市旅游创新能力 – 创新产出及效果

排名	城市	排名	城市	排名	城市
1	上海	2	北京	3	深圳
4	广州	5	重庆	6	天津
7	成都	8	杭州	9	南京
10	青岛	11	合肥	12	宁波
13	西安	14	武汉	15	济南
16	郑州	17	昆明	18	苏州
19	长春	20	无锡	21	温州
22	秦皇岛	23	长沙	24	福州
25	沈阳	26	珠海	27	哈尔滨
28	厦门	29	烟台	30	承德
31	洛阳	32	大连	33	石家庄
34	赣州	35	桂林	36	贵阳
37	南宁	38	南昌	39	太原
40	九江	41	遵义	42	黄山
43	大同	44	延安	45	丽江
46	海口	47	呼和浩特	48	北海

续表

排名	城市	排名	城市	排名	城市
49	乌鲁木齐	50	兰州	51	吉林
52	广安	53	拉萨	54	延边
55	汕头	56	银川	57	湘潭
58	西宁	59	三亚	60	张家界

（二）科技投入的创新贡献日益突出

从城市旅游创新能力评价结果可以看出，城市旅游创新能力前十位与研发投入、知识产权产出的前十位高度吻合。除宁波外，科技研发投入较多的 9 个城市均位列旅游综合创新能力前十名。旅游知识产权产出排名前十位的地区中有 8 个城市进入创新能力排名前十名。每万人口发明专利拥有数排名前十位的地区中有 8 个城市进入创新能力排名前十名（表 3-9）。

表 3-9　城市旅游创新能力 – 科技投入与产出

排名	综合创新能力	科学技术投入	每万人口发明专利拥有数	旅游知识产权
1	北京	上海	北京	北京
2	上海	北京	深圳	上海
3	深圳	广州	南京	成都

续表

排名	综合创新能力	科学技术投入	每万人口发明专利拥有数	旅游知识产权
4	广州	杭州	珠海	武汉
5	重庆	深圳	杭州	广州
6	杭州	宁波	上海	南京
7	成都	天津	苏州	重庆
8	南京	成都	武汉	杭州
9	武汉	南京	无锡	西安
10	天津	武汉	西安	昆明
11	西安	重庆	广州	天津
12	合肥	郑州	青岛	深圳
13	青岛	合肥	合肥	南宁
14	长沙	珠海	厦门	长沙
15	昆明	无锡	温州	贵阳
16	济南	青岛	长沙	桂林
17	宁波	福州	济南	南昌
18	苏州	长沙	宁波	福州
19	郑州	厦门	湘潭	哈尔滨
20	长春	秦皇岛	天津	吉林

科技的创新为旅游业的发展提供了动力源泉，不仅优化了用

户的信息搜索、预订、消费、体验、评价等全流程方面，而且改变了企业的效率和效益，为企业的增收提供了巨大的帮助。现代科技正在深刻地影响和改变旅游行业，通过研发投入要素的不断增加，多种要素的混合组合，旅游专利、旅游科技产品、旅游创新产品不断涌现，如 2020“故宫以东，一见如故”旅游产品、“夜夜夜阿狸”主题夜游、黑龙江四季旅游风光 3D 全息表演，给用户提供了多重感官的体验和享受。

现代科技创新的发展促使了互联网、大数据、云计算、人工智能与旅游业的深刻结合，旅游人工智能技术、旅游大数据技术等应用不断成熟和深化，旅游信息数据资源共享开放功能日益完善，跨区域和部门间的合作不断加强，政府和企业服务全域旅游的智能化水平显著提升。

同样，现代科技也深刻地融入了旅游的全过程、全方位、全场景中，“云旅游”“云连展”“云音乐”等众多新消费场景正不断改变旅游发展模式。现代科技手段可以开展“游前”的精准化营销与规划服务，如疫情常态下的旅游与短视频平台结合形成的网络直播，“云旅游”的体验模式帮助地方打通销路、带动当地旅游发展。“无人服务”“智能导航”“云上导游”“虚拟现实”等智慧旅游的出现丰富了景区的产品供给，提高了旅游全过程的智能化服务水平。景区在完善智能化基础建设过程中，依托人工智能大数据分析技术与视频通信云技术，植入智能感应、人脸识别和指纹输入，实时监控状况与服务质量，提高服务的效率、质量。建立实时景区信息发布与预测预警机制，预警客流并及时处理突发事件，提高景区的应急管理能力。同时，利用现代科技，“游后”的数据分析效率显著提高。通过微博、微信、论坛、贴吧、App等媒介加强与游客交互，可引导游客对景区、交通、餐饮、住宿等进行评价，拓宽游客反馈渠道，及时处理旅游消费中的投诉问题。通过建立游客评价大数据库，利用数据分析、结构优化处理改善旅游过程中的“食、住、行、游、购、娱”方面存在的问题，可进一步地在为游客提升服务质量、满足游客多方位的需求方面提供数据支撑。

（三）文化资源成为旅游创新重要着力点

从城市旅游创新能力评价结果可以看出，文化资源的评价比重占到了0.067，显著高于景区等自然旅游资源。从城市旅游创新能力评价结果可以看出，文化旅游体育与传媒支出较多的8个城市均位列旅游综合创新能力的前十名（表3-10）。

表3-10 城市旅游创新能力－文化投入与产出

排名	综合创新能力	文化旅游体育与传媒支出	文化场馆数量
1	北京	上海	深圳
2	上海	深圳	广州

续表

排名	综合创新能力	文化旅游体育与传媒支出	文化场馆数量
3	深圳	北京	秦皇岛
4	广州	重庆	长春
5	重庆	成都	青岛
6	杭州	广州	北京
7	成都	天津	承德
8	南京	南京	重庆
9	武汉	宁波	广安
10	天津	西安	昆明
11	西安	无锡	成都
12	合肥	珠海	合肥
13	青岛	青岛	黄山
14	长沙	郑州	上海
15	昆明	厦门	南京
16	济南	长春	西安
17	宁波	福州	杭州
18	苏州	温州	洛阳
19	郑州	太原	延安
20	长春	沈阳	哈尔滨

文化是旅游的灵魂，旅游是文化的载体。文化产业和旅游产

业作为国民经济着力发展的支柱性产业、“五大幸福产业”的重要组成部分，文化资源的开发利用成为推动旅游创新，带动旅游经济发展的重要着力点。文化产业与旅游产业的融合，不仅拓展了各自的发展空间，而且扩展了两者的发展边界，丰富了产业的发展内容。

正如中国旅游研究院戴斌院长所说，从旅游发展看，很多游客已经采取自助游、自由行的方式，努力融入当地居民的日常生活当中。文化产业可以为旅游产业注入更加生动活泼、更具品质的旅游消费内容，如北京、西安、重庆等地将地方文化与旅游融合，将地方文化带入到旅游的舞台中，为游客提供丰富的旅游产品及服务。也可以令旅游业发展有更好的价值取向，更好地践行社会主义核心价值观，对推动文明旅游、提高国民素质都是有益的。从文化发展看，公共文化建设取得了非常好的成果。文化馆数量超过 70 万，遍布全国省、市、乡，登记在册文物超过 1 亿件（套），博物馆超过 5000 家，更有大量演艺演出、电影电视等文化产品不断出现。目前，博物馆文创、“国风”文化、主题活动、遗产展览等一系列文旅融合产品也在不断丰富文旅产品的供给。但正如中央所关心的，目前公共文化的建设仍需进一步的努力，要提升人民群众对公共文化的获得感和满意度，让高雅艺术叫好的同时更叫座，让文化在培根铸魂、塑造社会主义核心价值观的同时，传得开、留得住、让更多人所接受。

党的十九大报告指出，“没有高度的文化自信，没有文化的繁荣兴盛，就没有中华民族伟大复兴”。满足人民过上美好生活的新期待，必须提供丰富的精神文化食粮。文化与旅游的深度融合，是增强文化自信，统筹文化事业、文化产业和旅游资源开发，提高国家文化旅游软实力和创新发展的有效方式，如红色文化与旅游融合，可有效开展爱国主义教育、革命传统教育；旅游演艺、文化主题公园成为旅游文化融合的经典领域。文化内核开发提高旅游深度，通过项目品牌深度开发和特色文旅产业要素组合，走文化内涵式发展道路，提高旅游的文化含量、文化质量和文化品位。“文化+旅游”为旅游和公共文化建设获得了一个双赢的机会，让旅游蕴含文化底蕴，让公共文化在发展中实现完善和创新。

第四章

旅游 IP 发展

一、文化和旅游 IP 综合评价

（一）评价背景

文旅融合大背景下，IP 运营成为发展文化和旅游品牌，推进品质化发展的重要抓手。如何做好文化和旅游 IP，如何对 IP 运营效果进行科学评估和修正是目前政府和行业普遍关注的问题。目前，针对文化和旅游 IP 的内涵，行业有了初步的认识，但是文化和旅游 IP 的内容构成、运营模式、商业评估等尚无统一标准。文化和旅游领域等 IP 发展存在诸多困惑和问题，包括文化挖掘不深、IP 符号不够鲜明、同质化问题严重、传播和商业融合不足等。文化和旅游 IP 的持续运营需要内容持续创新和商业运营持续优化，这一过程也需要有力的指导原则来引领。综上原因，本章希望通过建立文化和旅游 IP 评价模型，对当下文化和旅游 IP 进行一定规范，以评价标准指导 IP 的生产和运营。

（二）评级内容及方法

本章设定的文化和旅游 IP 评价模块依照文化和旅游 IP 的生产、传播、运作流程，从内容创作、社交传播、商业实现和综合价值四个维度来构建量化考核评价指标，将定量分析与定性分析相结合，对“文化和旅游 IP”进行全面系统的评价。

内容创作是文化和旅游 IP 的核心，评价办法依据 IP 理论的相关研究和文旅融合发展形势，将内容创作维度细分为四个评价因子，包括资源禀赋、创意设计、规划定位和造血能力。

社交传播维度主要依据示范效应理论、传播流理论等，对文化和旅游 IP 的传播效率和效果进行评价，具体细分为渠道体系、流量积聚、粉丝黏性、社群规模四个二级评价因子。

商业实现维度是在定性分析文化和旅游 IP 变现模式和渠道分析的基础上，引入投入产出、资金回报等收益模型，设计二级评价因子，主要包括变现渠道、变现效率、模式创新三个二级评价因子。

综合价值维度是对文化和旅游 IP 在促进企业及地区经济发展、促进社会进步、提升消费者权益等领域的贡献进行评价，包括社会价值、文化价值、生态价值、经济价值四个二级评价因子。

本章将从内容创作、社交传播、商业实现和综合价值四个维度来构建量化考核评价指标，根据四个维度在文化和旅游 IP 发展过程中的重要程度，赋予不同的权重。内容创作是文化和旅游 IP 有别于其他产品服务的核心特征，占据最重要的地位；社交传播和商业实现是对 IP 促进文旅融合和产业高质量发展效果的考量；综合价值是对文化和旅游 IP 经济社会综合贡献的考量，具有重要的参考价值。因此赋予内容创作 30 分、社交传播 25 分、商业实现 25 分和综合价值 20 分（总分 100 分）。根据评分标准对文旅 IP 进行打分，60~70 分为合格，70~80 分为良好，80~90 分为优质文化和旅游 IP，90 分以上为具有国内外广泛影响力的、可示范推广的文化和旅游 IP。

（三）评价指标体系（表 4–1）

表 4–1　评价指标体系

评价项目	二级指标		三级指标	评分依据和要求	分项计分	评定得分
内容创作（30分）	1.1	资源禀赋	1.1.1 旅游资源禀赋	自然、人文等旅游资源的特色、稀缺性（0~2 分）	2	
			1.1.2 文化资源禀赋	文化积淀的时间和深度、文化保护和传承情况、文化的独特性等 IP 内容基础（0~3 分）	3	
	1.2	创意设计	1.2.1 价值体系	是否有好的故事、好的形象引起价值共鸣（2 分），引起共鸣的三个阶梯层次：情绪带动、精神引领以及跨文化、跨群体的价值认同（2 分）	4	
			1.2.2 符号设计	符号个性化、不可复制性（2 分），符号可落地性（与主题公园、影视、游戏等结合，2 分）	4	
			1.2.3 场景设置	视听、形象、氛围、色彩等场景体验是否有包围感、贯穿性（0~3 分）	3	
			1.2.4 节事活动	体系化的节事活动构建（0~1 分）	1	

续表

评价项目	二级指标		三级指标	评分依据和要求	分项计分	评定得分
内容创作（30分）	1.3	规划定位	1.3.1 市场区划	区划定位包括地理适应性、经济适应性、文化适应性、行政适应性等，保证文化和旅游 IP 的盈利性、地理工程合理性、本地文化契合度等（0~2 分）	2	
			1.3.2 排他性定位	三层维度：游客认知、商业生态、法律上的排他性（0~3 分）	3	
	1.4	造血能力	1.4.1 研发投入与知识产权积累	有持续的研发投入（1.5 分），有发明专利等系列知识产权积累（1.5 分）	3	
			1.4.2 人才梯队建设	是否为 IP 内容设计、营销推广、商业实现提供完善的人才梯队（0~2 分）	2	
			1.4.3 IP 内容更新	IP 内容更新制度（1 分），内容更新频率（1~3 年得 2 分，4~10 年得 1 分，10 年以上 0 分）	3	
社交传播（25分）	2.1	传播渠道	2.1.1 传播维度	IP 概念、IP 具象符号、IP 产品线等营销传播（0~3 分）	3	
			2.1.2 传播形式	微博、微信、短视频平台、网页等多元模式（0~3 分）	3	
	2.2	流量积聚	2.2.1 流量规模及增速	IP 依靠内容形成强吸引，成为流量入口（0~3 分）	3	
			2.2.2 流量积累持续性	经历过快速增长后，是否具有长期积累态势（0~4 分）	4	

续表

评价项目	二级指标		三级指标	评分依据和要求	分项计分	评定得分
社交传播（25 分）	2.3	社群推广	2.3.1 线上社群	在微博、公众号、短视频等线上平台形成 IP 社群（0~2 分）	2	
			2.3.2 线下社群	通过沙龙、社团、活动小组等开展线下体验（0~2 分）	2	
	2.4	传播效果	2.4.1 用户忠诚度	用户对 IP 相关关注度、评论活跃度、购买和二次购买情况等（0~4 分）	4	
			2.4.2 用户信任度	三层纬度：IP 内容信任、评价信任、体验信任（0~4 分）	4	
商业实现（25 分）	3.1	变现渠道	3.1.1 直接渠道	直接运营收入（IP 主题公园等运营收入、图书版权收入、动漫、电影等娱乐收入、文创产品销售等）、IP 专利授权收入（发明、实用新型和外观设计等）	5	
			3.1.2 间接渠道	IP 带动的周边消费（餐饮、交通、娱乐、休闲）、IP 相关衍生品消费等	5	
	3.2	变现效果	3.2.1 IP 运营情况	形成稳定的现金流入（1 分），IP 变现收入总量符合预期（0~2 分），IP 投资回收期合理（0~2 分）	5	
			3.2.2 IP 盈利情况	达到盈亏平衡及以上（0~2 分）、投入产出比（0~2 分），盈利增长（0~1 分）	5	
			3.2.3 变现动态趋势	变现规模平稳或稳步增长（0~2 分），形成长尾效应（3 分）	5	

续表

评价项目	二级指标		三级指标	评分依据和要求	分项计分	评定得分
综合价值（20 分）	4.1	社会价值	4.1.1 提升地区影响力	打造地区文化和旅游特色名片，助力区域综合形象的提升（0~3 分）	3	
			4.1.2 营造创业创新氛围	激发创造创新热情，促进跨界资本投资、跨界融合（0~2 分）	2	
			4.1.3 提升用户价值	提升用户决策效率（1 分），拓展消费深度和广度（1 分）	2	
	4.2	文化价值	4.2.1 促进文化传承	讲好中国故事，传递中国声音，传承优秀文化（0~3 分）	3	
			4.2.2 激发文化活力	促进地区文化的不断创新开发和利用，保持文化活力和创新性（0~3 分）	3	
	4.3	经济价值	4.3.1 带动行业经济发展	增加游客流量、重游率，带动目的地经济增长（0~2 分），促进文旅企业经济效益增加（0~1 分）	3	
			4.3.2 轻资产运营	以文化内涵为优势核心，从硬件投资向文化附加值开发转移（0~2 分）	2	
			4.3.3 优化全产业链	拓展文化和旅游 IP 相关的前端研发、推广、后端餐饮等全产业链条（0~2 分）	2	

二、传统景区的 IP 探索

（一）以特色内容提升吸引力

特定区域文化的积淀时间和深度、文化的独特性、文化的保护和传承等构成了文化和旅游 IP 的内容基础。文化和旅游 IP 在传承和利用传统文化、推动中国文化走出去方面有积极作用。根植于华夏灿烂文明，以自身文化为灵感打造独有文化品牌和符号，创造性地挖掘和开发各地文化和旅游资源，吸引国内外游客。新媒体时代，非物质文化遗产 IP、博物馆 IP 等优质产品得到了更多的传播和关注，为民众提供了新的休闲娱乐玩法，成为连接文化和人民、国内与海外的纽带，有助于传递中国声音，传承优秀文化。

文化和旅游 IP 需要在规划中彰显文化等资源特色。针对当下旅游市场因盲目竞争开发而导致的景区同质化严重、缺乏主题特色等问题，文化和旅游 IP 的强内容力利于聚焦旅游内容引爆点，指导产品特色性开发，依靠其独特性，赋予文旅产品独具特色的个性主题，符合游客个性化、多样化的旅游需求，提升游客游憩体验感，满足游客的情感需求。文化和旅游 IP 的长效运营需要建立完善的内容更新机制，持续开展内容、内涵挖掘和外延扩展，开发新内容、新模式，从挖掘方向上包括内部原创和外部资本并购引入，IP 创新路径包括科技推动、文化挖掘、资本并购、企业家创造等。

（二）区域资源整合发力

1. 空间角度——多层级资源摸排与整合

想让游客玩得好、留得住，需要区、镇、村、街道优势互补、协同发展，深入成功的文化和旅游 IP 将成为地区的名片，助力区域综合形象的提升。通过凝聚地区精神底蕴的文化和旅游 IP 传播推广，打造地区新名片，带动人力、信息、资金等优质资源的集聚，推进地区社会发展。了解区内特别是景区全域范围内的文化和旅游发展现状，倾听文化和旅游主管部门、企业的呼声和诉求，真正做到对区内资源的精准把握。传统景区的 IP 创新创作未来需要统筹各级行政单位，充分发挥村民、游客、企业、政府人员的头脑风暴优势，集思广益助力良渚世界文化遗产 IP 规划设计。

2. 产业角度——文旅农体商等产业整合

针对区域资源分散、产品和服务缺乏系统整合的问题，文化和旅游 IP 建设应当围绕整合资源，重新规划产品线路角度展开。产品与线路的整合规划，一方面体现在农文旅体商的资源整合方面，立足游客欣赏风景、农产品购买、体育娱乐、商务休闲、科技感受等综合体验需求，将景区、文创街区、乡村集市、科技小镇的产品进行重新组合，扩大旅游产品内容，延长旅游线路。景区创意开发可以通过线路优化，营造全新的体验。另一方面，区域联合“组团式”发力是产品服务整合的有效途径。“组团式”发力，就是根据景区辐射范围内的街道、村、镇的特色亮点串珠成链，形成综合品牌。将吃住行游购娱多种业态产品串联成线，让游客沉迷在良渚优质的文旅、餐饮、休闲和住宿环境之中，增加过夜游、深度游，提高文旅消费质量。

（三）IP 流量积聚与产品线运营

IP 最终成为流量入口。稀缺化的资源和个性化的内容决定了 IP 的流量，IP 因其自带势能的话题优势、不断衍生及再创造的内容输出、足够差异化的人格魅力形成互联网时代连接消费者的强关系链条，可以自形成强大的流量吸引。IP 是有内容力和自带流量的魅力人格，可通过建设内容和价值观形成强大的流量入口。

文化和旅游 IP 产品线运营，可以某一文化内核为基石，通过文化精神凝练提出一个宏观 IP 概念，并在大 IP 概念下延伸多个细分 IP 产品线。景区 IP 体系的构建，可以立足自身核心文化推出主流 IP 理念，为促进景区大 IP 更有实感的传播、体验和商业实现，可通过 IP 细化来实现。

三、商业空间的 IP 孵化

（一）核心内容创作

文化和旅游 IP 的内容创作以区域资源禀赋为基础，通过人才、科技等资源完成核心价值体系构建、个性化符号推送、体验式场景构建等创意设计工作，通过合理的战略规划形成有效的排他性定位，并依托研发投入、人才建设等形成持续造血能力。

1. 价值体系

IP 以群体价值观为基础，IP 的形成必须迎合主流价值观需求，这就需要好的故事、好的形象来引起价值共鸣。基于故事理论，故事有三个核心作用：一是塑造身份和行为，二是帮助学习和理解，三是通过原型神话传播价值观。通过讲故事的方式，企业可以将产品、服务或者品牌所能带给消费者的体验传递给消费者，使体验价值具体化。好的 IP 依靠好的故事体现其精神内涵和价值体系，最终实现对受众的情绪带动、精神引领以及跨文化、跨群体的价值认同。

2. 符号设计

IP 最终是要实现商业变现，这就必然要求 IP 能够落地为具象的产品，因此，在底层设计中，IP 必须要有具象化、可落地的符号，这种符号与不同形式的产品（图书、影视、游戏、主题公园、酒店、数码产品等）结合起来，进而构筑可触摸、可感受的商业场景。

3. 场景设计

根据场景理论，不同的生活环境和人群组合形成了多元的场景。互联网时代，满足用户定制化的体验需求成为场景实现的重要因素。文化和旅游IP的传播、变现和实现价值，很大程度要依赖场景设计，依靠科技力量优化视听、形象、氛围、色彩等场景模式，通过场景包围感和贯穿性的体验提升实现文化和旅游IP内容创作的品质升级。

4. 案例分析——良渚世界遗产IP

（1）优势分析。

良渚世界遗产具备得天独厚的文化内核和符号文化。良渚古城遗址是中国长江下游环太湖地区的一个区域性早期国家的权力与信仰中心所在，展现了中华文明乃至东亚文明史前稻作文明发展的极高成就。良渚符号承载了良渚先民的生活和记忆，也是中华民族的文化记忆，一定程度上有助于构筑和增强我们的文化认同及文化自信。

良渚地区具有丰富的旅游资源和区位优势。作为天目山余脉、京杭大运河流经之地，良渚地区拥有原生态的自然风光。良渚地区周边瓶窑镇、窑北村、彭公村、杜城村、港南村等多地也依托古城遗址积极开发本地旅游资源。良渚距市中心约 15 公里，不仅能充分享受杭州主城的辐射，而且随着杭州城市化进程的推进，也成为主城区的延伸区域。

（2）IP 构建。

内容创作方面。良渚世界文化遗产 IP 的顶层设计以文明圣地、民族气象等为核心关键词，世界文明史的脉络中，良渚遗址证实了中华文明的起源，承载了中华民族的根与魂，良渚先民敢为天下先的勇气，留下蔚为壮观的人文景观。良渚世界遗产 IP 之下，可以衍生出良渚博物 IP（聚焦亲子研学）、文化休闲 IP、文创 IP 等子系列。良渚博物 IP 立足亲子、研学需求，整合良渚文化资源打造推进全国文化教育和中国文化走出去的示范基地。良渚休闲 IP 通过开发学习历史与日常休闲为一体的公共文化休闲环境，打造学习研究、文化交流、休闲娱乐等多功能的综合场所。良渚文化在历史底蕴、文物收藏等方面也独具特色，可充分借鉴故宫经验，打造优质良渚文创 IP。

传播推广方面。良渚世界文化遗产 IP 通过渠道推广、流量集聚、提升用户黏性、扩大社群影响方面加大投入力度。良渚世界文化遗产 IP 的故事设计借助多种媒介和手段，包括图书、动漫、游戏、影视等，通过内容设计、营销推广打造舆论热点，提升了社会的广泛接受度。

跨界融合与商业实现方面。目前良渚地区政府、企业、社会团体都在积极开发亲子研学、文化休闲等 IP 相关项目。良渚古城遗址公园内良渚文明探索营地搭建了涵盖教学、住宿、餐饮等在内的综合配套设施，通过与学校、企事业亲子协会、妇联等合作，开发了考古体验、历史学习、劳动采摘等系列课程且反映良好。由万科主导的良渚文化村已成为开发商主导的特色小镇建设样本，良渚文化村不再局限于一个主题公园或集中的旅游区，而是一个纯粹以生态、观景、人文名胜、休闲游乐与人居为定位的功能完整、形态丰富的泛旅游城镇概念，值得借鉴和推广。政府、文旅企业、社会资本都纷纷以不同模式投入良渚文创产品开发。良渚古城遗址申遗成功后，浙江省文投与杭州良管委下属国有企业合资设立杭州良渚文化创意公司，通过平台化运营尝试良渚文化与美术、酒品等融合产品研发，与南派三叔合作打磨良渚故事。梦栖小镇里、硬脑等动漫企业充分发挥才华创意，设计了良渚文化相关符号和产品。良渚文创 IP 开发的政策基础和市场资源已经粗具规模。

（二）社交传播推广

文化和旅游 IP 的传播需要多层次的传播维度和多元化的传播形式。IP 传播维度包括对文化和旅游 IP 本身概念的传播，具象视觉符号的推广以及 IP 产品线的传播（图书、影视、游戏、周边产品等）。IP 最终成为流量入口。稀缺化的资源和个性化的内容决定了 IP 的流量，IP 因其自带势能的话题优势、不断衍生及再创造的内容输出、足够差异化的人格魅力形成互联网时代连接消费者的强关系链条，可以自形成强大的流量吸引。

1. 短视频传播

文旅融合背景下，抖音、快手等短视频通过多元化视角，推送了丰富多彩的文化休闲场所和旅游打卡地，也为文化和旅游优质IP的内容制作和传播发挥了积极作用。抖音极大降低了创作门槛，带来了内容数量的攀升和丰富度的提升，这使得旅游目的地的品牌形象更加饱满、立体，品牌承载不再局限于一些地标性的景点景观，而是扩展到更多的场景和当地的人。在游客积极创作并分享旅途精彩瞬间的大形势下，个体的需求和体验不断上传、分享、传播，种草、打卡等成为旅游新风向，短视频成为旅游市场新标配。通过智能分发、叠加推荐、热度加权等技术，短视频在洞察人文表达、城市形象、传统文化等方面形成了独特优势。在抖音文旅产品的创作、推广、传播下，文化旅游市场消费潜力得到了很好的开发，不仅将人流带入旅游市场，也带动了餐饮、交通、购物等周边产业发展。

短视频传播推广依靠以下要素：①优质内容。短视频等丰富特效的海量“神曲”、内嵌简便、潮酷制作工具，将科技元素、艺术元素与文旅场景相融合，令视频极具艺术感、创新感和现场感。②大量用户资源。短视频提供了用户分享和粉丝社群的社交平台。一方面，他们通过拍摄和上传短视频来吸引关注，动态的短视频社交模式呈现出更强的交互性和参与性。在文化旅游类视频里，用户能够更加生动直观地了解文旅企业，相比图文信息更真实。另一方面，用户在评论区与主播进行充分互动。评论区的互动不仅具有第三方推荐的信任优势，而且让评论本身成为优质的体验内容。③开放的共生机制。在文旅营销场景下，利益相关者包括短视频运营方、文旅企业、播主及观赏用户。在抖音平台上，所有参与者均能满足自身需求并创造价值。④较短的传播周期。按照传统思维，文旅企业推出一个新产品，至少需要提前一个月进行营销宣传与推广，但是抖音却能够在短时间内将新开发的文旅产品瞬间爆发出来，明显节省了传播费用。

2. 线上 & 线下社群传播

社群文化表达了特定圈层的精神诉求，是文化和旅游 IP 的核心粉丝群体。IP 社群包括线上社群和线下社群两方面。互联网时代，线上社区成为 IP 生态最活跃的阵地，微博、公众号、短视频等各类平台，基于科技应用 IP 的内容版图不断扩大，线上交流空间也日益多元。线上社区内人员的交流讨论、活动组织、交易消费等，反映了对 IP 需求的最新动态。线下社群是在线上社群的基础上为了满足更多用户的体验和交流需求，开拓的线下空间。线下社群的作用就是通过线上的深度互动把那些本来跟企业没有任何关系的用户转化成弱关系用户，把本来是弱关系的用户转化成强关系、强链接的超级用户。线下社群的形式包括沙龙、社团、活动小组等。

以北戴河阿那亚社区为例，从最初爆红的“孤独的图书馆”到《乐夏》、B 站歌会，阿那亚的话题频出，文艺、浪漫、网红标签频现，从海边的度假目的地转变为具有人文气息的海边社区，目前已形成了有深厚情感价值和高度精神价值的生活方式品牌。到目前为止，阿那亚有近百个社群，除了共同商讨社区事务社群之外，还有戏剧群、跑步群、马术群、家史群、读书群、爱乐群、摄影群、舞蹈群、诗社群、风筝冲浪群等诸多兴趣群。从阿那亚马会，到全国最好的风筝冲浪基地，再到每个星期不重样的先锋音乐现场，阿那亚用优质的活动把具备相同爱好与价值观的客群聚在了一起。高质量的社区离不开业主与阿那亚的通力合作，以日本侘寂美学为参考的阿那亚式建筑，包括孤独图书馆等在社交网络的走红，都是阿那亚对社区生态的新探索。以先锋时尚买手店 HUG 2020 年的入驻为代表，阿那亚的这几年，商业 IP 的引入也成为新的亮点，以“IP 集合社区”的姿态，不断酝酿和刷新惊喜感。通过诗意的生活方式营造、业主社群的深度运营和商业探索创新，阿那亚的品牌 IP 化进程持续推进。

（三）多元商业实现

1. 立足生活场景的 IP 运营

成功的文化和旅游 IP，从来就不会脱离城市发展氛围和日常生活场景，相反，它会尽可能地与居民生活零距离共融共生。文化和旅游 IP 的充分落地运营，需要与日常生活场景紧密关联，美好而有温度的生活场景包括图书馆、博物馆、文化馆、社区绿地、城市公园、公交、地铁等公共文化和基础设施，包括戏剧场、电影院、百货商场、精品店、超市、餐饮、酒吧、咖啡馆、菜市场等公共空间和商业环境，也包括主题乐园、自然人文景观等休闲场所。只有服务于游客重新发现旅行的美好，服务于市民欣赏和体现日常生活美好的 IP 产品，才能实现可持续发展。立足生活场景的 IP 运营，需要依托产业融合和新业态新模式突破。同时，文旅休闲场景中，餐饮、购物、娱乐、文化娱乐等多业态加速了融合，越来越多创新性综合体不断涌现，新业态新模式引领的新型消费成为重要着力点。

2. 商业实现渠道

文化和旅游 IP 变现的直接渠道包括 IP 相关直接运营收入（IP 主题公园等景区运营收入、IP 图书版权收入、动漫、电影等娱乐收入、IP 文创产品销售等）、IP 专利授权收入（发明、实用新型和外观设计等）。文化和旅游 IP 变现等间接渠道包括 IP 带动的周边消费（餐饮、交通、娱乐、休闲）、IP 相关衍生品消费等。文化和旅游 IP 的商业实现，首先考虑 IP 基于流量获取的资金回报，包括是否形成稳定的现金流入、IP 变现收入总量是否符合预期、IP 运营项目的投资回收期。IP 变现效果的衡量不仅要考虑 IP 带来的流量规模及收入总量，还要综合前期投入情况，基于投入产出比率，衡量 IP 综合的盈利能力，具体指标包括：IP 变现收入是否覆盖成本（达到盈亏平衡点）、IP 投入产出比率、IP 盈利增长情况。IP 变现效果的衡量需要站在长期、动态的角度来审视，观察 IP 变现水平的长期发展趋势、增长幅度、波动情况以及在经过一段运营期之后是否形成了长尾效应。

成功的文化和旅游 IP 也将提升用户价值，具体主要表现为提高用户决策效率和拓展消费深度、广度两个方面。一方面，IP 可提升决策效率。当文化和旅游 IP 取得了用户的价值认同，也就打通了价格环节，成为使用购买决策的加速器。有说服力的文化和旅游 IP 可以有效缓解消费者的选择焦虑，帮助消费者在更短时间内找到最符合自己价值观和需求的产品。另一方面，IP 可以拓展消费深度和广度。当 IP 拥有了一定的流量规模和用户基础，基于用户黏性，用户的首次消费、二次消费甚至多次消费都将不断增加，消费深度被持续开发。在传统消费领域，消费者会在特定领域选择特定品牌，进而明确了自己的消费边界。基于成功的 IP，消费者的消费边界实现了拓展。

3. 案例分析——超级文和友

“超级文和友”包含了多重的餐饮和文化等复合业态，意图打造对标迪士尼文化的中国文化 IP。文和友不仅仅值得餐饮界深入研究，而且为餐饮产业化、文化产业化、商业综合体及旅游地产，包括地方城市品牌的打造，都提供了一个新的思路。文和友的品牌基因是人文，艺术，创意。占地面积 20000 平方米的超级文和友，本质上是一家市井生活的博物馆。超级文和友里面基本上没有一张海报物料是跟产品有关的，连小龙虾的海报基本上都看不到一张，所有的视觉表达基本都是围绕市井文化。达到通过输出文化内容，来引发传播，从而提升品牌势能。小吃和菜品只是消费者在逛博物馆的时候，连接消费者体验和情感的一个载体。文和友截取的是长沙 20 世纪 80 年代的市井文化。20 世纪 80 年代的市井场景更有记忆沉淀，是当下餐饮主力消费客群，也是这一代人的集体记忆和心智共识。通过自建文和友臭豆腐博物馆，文和友文化艺术馆等不断整合一批又一批的区域内外艺术家、文化社团、文化从业者等。当文和友把这个场景还原出来，里面的一景一物，各类小吃美食，瞬间让你一见如故；唤醒你大脑的记忆沉淀；引发消费者潜意识的情感共鸣。

四、公共文化的 IP 落地

（一）文化休闲 IP 创新

1. 立足需求的休闲 IP 创新

2020 年疫情之下，广大人民群众的精神文化诉求从未消退。

中国旅游研究院文化消费专项调查显示，尽管新冠肺炎疫情对居民的出行产生了巨大影响，仍有92.45%的受访者进行了文化休闲，居民通过线上、线下多元化形式进行文化体验。细化到具体文化场景，与2019年相比，更多受访者选择了缩减其他文化休闲活动的消费频率甚至不消费，但仍会选择人流可控、安全有序、公益活动多元的公共文化场所进行文化休闲，并带动了周边交通、餐饮、购物等消费。居民和游客对感悟生活、品味潮流、参与文化展演、网红餐饮、热门娱乐休闲等深度体验需求不断增长。文化休闲IP的运营应当立足人民需求，积极开展产品创新、服务创新和商业模式创新。随着文旅产业的不断发展与创新，博物馆、文化馆、图书馆、美术馆等不再是单纯的文化展示与传播，还扮演着文化聚集与吸引的角色。

2. 文创IP案例——风旅阁文创

风旅阁“我把上海送给你”文创伴手礼盲盒依托文创化设计、IP产品组合、互联网潮流玩法融合创新，成为时下旅游购物、商务馈赠的热门选择。“我把上海送给你”设计上将上海旗袍女郎、市花白玉兰、东方明珠、黄浦江、外滩等元素与新国潮、古诗词意境融合，典雅又极具时尚；选品池汇聚国货之光百雀羚、网红大白兔奶糖、137年上海老字号汪裕泰等20多个IP品牌，呈现上海不同阶段的文化与历史。盲盒成功入围“上海设计100+”，秉持海派文化理念，配合精美手绘、创意构思、原创设计、上海特产，展现了对上海“海纳百川、追求卓越”城市精神的理解。驴妈妈·风旅阁是在一步步尝试、探索，与客户、广大消费者进行密切沟通。目前，也在帮省级单位、多个景区及协会组织策划、开发专属伴手礼。

3. 文化空间案例——孤独图书馆

在秦皇岛南戴河的海边，有一座面朝大海的图书馆，独自伫立在空旷的沙滩，恍若世界的尽头。它与海为伴，坐在这里的人，可以透过落地窗户，潮起潮落尽收眼底，这就是被称为全中国最孤独的图书馆——三联书店海边公益图书馆。孤独图书馆由直向建筑设计事务所设计。设计的主要理念在于探索空间的界限、身体的活动、光线氛围的变化、空气的流通以及海洋的景致之间共存关系。图书馆东侧面朝大海，在春、夏、秋三季服务于西侧居住区的社区居民，同时免费向社会开放。2015 年，一个名为“全中国最孤独的图书馆”的视频成功带火孤独图书馆，之后无数文艺青年、各地游客慕名而来。图书馆需要预约每天限制 200 人。大大的落地窗，买一杯咖啡，找一本自己喜欢的书，找个角落静静地听着海浪声，让人忘记凡尘俗世，只享受眼前这份美好。与它遥遥相对的白色建筑是阿那亚礼堂，是网红小姐姐们的必去之地，礼堂通体白色，阳光好的时候真的像神祇一般浪漫，阳光在海上呈现的是毫无遮拦的最原始最直白的样子。图书馆经过了巧妙的设计，试图探索光照和空间关系的可能性。“人生可以更美”

以及“全世界最孤独”的 slogan，加上诗与远方只需要 3 小时的车程就能抵达。逃离城市森林，面朝大海，春暖花开，让此地成为独属于京城白领的浪漫。

（二）城市街区 IP 创新

1. 街区 IP 创新基础

中国旅游研究院戴斌院长提出，旅游休闲街区承载了城市记忆，拓展了人文空间。本地城乡居民高频次的购物、休闲和社会交往，为街区积淀了历史文化，注入了生活元素。成功的商业街区拥有浓厚的历史情结，记录了曾经的繁华和时尚，孕育了本地化的生活方式。作为城市生活的典型空间，街区为世居于此的人们和异国他乡的到访者提供了热闹、繁华、轻松、悠闲的公共交往空间。因此，城市街区的 IP 创新，应致力于挖掘传统文化，彰显文化自信，形成可触可感的生活环境与街区氛围；要有意识形成本地可以识别的商业文化，形成市民愿意消费的商业氛围；既要致敬历史，更要开创未来，以时尚、健康和科技形塑街区的未来。

2. 案例分析——大唐不夜城

大唐不夜城步行街以盛唐文化为背景，融入商业、休闲、娱乐、体验等多种功能元素，以唐风元素为主线，建有系列文化广场、文化场馆、文化雕塑等景观，在 2 公里范围内，围绕唐文化设置景观节点和文化节点，加入互动体验活动，借助绚丽的灯光，打造出一条类似主题乐园模式的沉浸式夜游路线。大唐不夜城的灵魂是大雁塔和盛唐文化，而通过对传统文化的创新挖掘，大唐不夜城巧妙地培育出“不倒翁小姐姐”等艺术表演，再依托网络平台实现裂变传播，逐渐形成了新的 IP。2019 年，“不倒翁小姐姐”“石头人”“敦煌飞天”等现象级文化 IP，实现 50 亿次以上视频播放量，全国景区抖音播放量第一名。自媒体时代，拍个“不倒翁小姐姐”的视频就可以获赞过万，这对喜爱社交媒体的年轻人来说几乎是致命的吸引力。不断丰富的商业形态也为大唐不夜城营造独特氛围起到了助推的作用，国际品牌与百年老店、商业综合体与特色小店、传统文化与现代潮流，各种形态商业在此融合。以西安饭庄、春发生、德发长、同盛祥等老字号和樊记肉夹馍、小镜糕、花奶奶酸梅汤等特色小吃组成西安特色餐饮阵营，小店经济和夜经济在这里繁荣共生。

3. 案例分析——“故宫以东”

“故宫以东”，是北京市东城区原旅游委于 2018 年年底正式发布的文旅品牌，文旅融合后，成为连接文旅资源，促进文旅产业提质消费，传播东城文化的重要抓手。在“文化旅游不应该只是到有文化的目的地旅游，更应是有文化目的的旅游”的理念指引下，“故宫以东”项目致力于文化精品高效供给和旅游品质化高端化发展，并取得突出成绩。2018 年，原东城区旅游委正式推出了第一季“故宫以东”系列主题产品包。区内星罗棋布的吃喝玩乐各类资源被梳理包装成“寻迹”“跃动”“腔调”“骑迹”四大系列，“我家住在紫禁城”“漫步中轴线”等 22 个主题，从不同维度全面展示区内文、商、旅资源。2019 年年初，“故宫以东”继续走“精品化”路线，如与打造精品生活方式的平台寺库联手，推出“时间设计师”的概念，即不同领域的专家在 48 小时一个周末的时间里带领游客深度感受东城的文化旅游魅力。2020 年尽管疫情让文旅行业遭遇重创，但“故宫以东”并未按下暂停键，而是加大融媒体手段，策划促消费系列文化旅游活动，为企业拓宽宣传渠道，设计了印象、体验、融合、对话四个板块。“故宫以东”还与多家企业合作，在丰富产品内容、推出创新性体验等方面做出诸多尝试。如与爱彼迎合作打造“体验匠心”非物质文化遗产旅游示范项目；联手凯撒旅游，结合其“文化行旅”课程项目，研发主题文化体验产品；与中青旅研学事业部共同研发“故宫以东”文化主题研学旅行课程等；东城区会集了众多的国际品牌酒店以及新崛起的生活方式酒店，现已形成了“故宫以东下午茶”等轻奢体验型产品，打造了本地居民与异地游客的生活方式。

五、典型旅游 IP 2020 年度排名

中国旅游研究院和驴妈妈旅游网联合实验室基于驴妈妈旅游

网 IP 旅游销售数据、美团等发布数据，综合驴妈妈平台订单量、好评率等指标构建评价模型，数据采集周期为 2019 年 11 月初至 2020 年 11 月初，评价范围是科技旅游景区、红色旅游景区、研学旅游景区和美宿 IP。通过评价分析，得出了 2019 年不同类型 IP 排名。

（一）年度科技旅游景区 IP TOP10

科技应用日益成为旅游景区高质量发展的重要举措。国家统计局数据显示，2015—2020 年我国经济发展新动能指数分别比上年增长 19.6%、22.8%、30.2%、34.9%、26.2% 和 35.3%。尽管遭受新冠肺炎疫情的严重冲击，以新产业、新业态、新模式为主要内容的经济发展新动能实现逆势快速增长。包括数字化、网络化的新动能对经济发展贡献度越来越高。从《"十四五"文化和旅游发展规划》《"十四五"文化和旅游科技创新规划》都提出强化科技为民理念，将科技创新贯穿文化和旅游发展全过程，开展旅游景区、度假区、休闲城市和街区、乡村旅游点智慧化服务技术研究，推动 5G、大数据、人工智能、物联网、区块链等新技术在各类文化和旅游消费场景的应用。[①] 根据驴妈妈旅游网销售数据，综合订单量和好评率，评选出科技旅游景区 IP Top10。分别为：北京

① 中国旅游研究院《中国旅游景区发展报告（2021）》观点引用。

欢乐谷、常州中华恐龙园、长沙湘江欢乐城、常德卡乐星球、广州融创雪世界、河南建业华谊兄弟电影小镇、上海迪士尼度假区、上海科技馆、无锡融创乐园、中国自贡·华侨城第 26 届自贡国际恐龙灯会（按音序排序）（表 4–2）。

表 4–2　2020 年中国十大科技旅游景区 IP（音序排名不分先后）

序号	科技旅游景区名称
1	北京欢乐谷
2	常州中华恐龙园
3	长沙湘江欢乐城
4	常德卡乐星球
5	广州融创雪世界
6	河南建业华谊兄弟电影小镇
7	上海迪士尼度假区
8	上海科技馆
9	无锡融创乐园
10	中国自贡·华侨城第 26 届自贡国际恐龙灯会

（二）年度红色旅游景区 IP　TOP10

随着红色旅游的影响力越来越强，越来越多红色景区创新展陈和呈现形式，将夜游、高科技、乡村游等形式融入红色旅游，让红色文化更加鲜活生动，吸引年轻游客到访体验。2020 年，根据驴妈妈旅游网销售数据，综合订单量和好评率，评选出红色旅游景区 IP Top10（表 4-3），分别为：北京天安门广场、宝山区淞沪抗战纪念馆、贵州遵义会议纪念馆、嘉兴南湖景区、南昌八一起义纪念馆、韶山毛泽东故居和纪念馆、上海中共一大会址纪念馆、上海鲁迅纪念馆、延安革命纪念馆、镇江句容茅山新四军纪念馆（按音序排序）。

表 4-3 2020 年中国十大红色旅游景区 IP（音序排名不分先后）

序号	红色旅游景区名称
1	北京天安门广场
2	宝山区淞沪抗战纪念馆
3	贵州遵义会议纪念馆
4	嘉兴南湖景区
5	南昌八一起义纪念馆
6	韶山毛泽东故居和纪念馆
7	上海中共一大会址纪念馆
8	上海鲁迅纪念馆
9	延安革命纪念馆
10	镇江句容茅山新四军纪念馆

（三）年度自然旅游景区 IP TOP10

根据驴妈妈旅游网销售数据，综合订单量和好评率，评选出自然旅游景区 IP Top10（表 4-4），分别为：重庆万盛黑山谷、重庆金佛山风景区、广元剑门关、黄山风景区、衡阳南岳衡山、辽宁省千山风景区、青海青海湖、山西五台山景区、无锡鼋头渚、张家界国家森林公园（按音序排序）。

表 4-4 2020 年中国十大自然旅游景区 IP（音序排名不分先后）

序号	自然旅游景区名称
1	重庆万盛黑山谷
2	重庆金佛山风景区
3	广元剑门关
4	黄山风景区
5	衡阳南岳衡山
6	辽宁省千山风景区
7	青海青海湖
8	山西五台山景区
9	无锡鼋头渚
10	张家界国家森林公园

（四）年度文化旅游景区 IP TOP10

根据驴妈妈旅游网销售数据，综合订单量和好评率，评选出文化旅游景区 IP Top10（表 4–5），分别为：成都安仁古镇、横店影视城、嘉峪关景区、灵山胜境、慕田峪长城、南京总统府、青城山—都江堰、山西平遥古城、西递宏村风景区、镇北堡西部影城（按音序排序）。

表 4–5　2020 年中国十大文化旅游景区 IP（音序排名不分先后）

序号	文化旅游景区名称
1	成都安仁古镇
2	横店影视城
3	嘉峪关景区
4	灵山胜境
5	慕田峪长城
6	南京总统府
7	青城山—都江堰
8	山西平遥古城
9	西递宏村风景区
10	镇北堡西部影城

（五）年度美宿 IP TOP10

根据驴妈妈旅游网销售数据，综合订单量和好评率，评选出美宿 IP Top10（表 4-6），分别为：安吉帐篷客野奢度假酒店、广州长隆熊猫酒店、湖州太湖龙之梦乐园（酒店）、南通恒大海上威尼斯酒店、青岛红树林度假区（酒店）、绍兴东方山水乐园（酒店）、上海迪士尼乐园酒店、无锡灵山度假区（酒店）、珠海长隆企鹅酒店、珠海海泉湾大酒店（按音序排序）。

表 4-6　2020 年中国十大文化旅游景区 IP（音序排名不分先后）

序号	美宿名称
1	安吉帐篷客野奢度假酒店
2	广州长隆熊猫酒店
3	湖州太湖龙之梦乐园（酒店）
4	南通恒大海上威尼斯酒店
5	青岛红树林度假区（酒店）
6	绍兴东方山水乐园（酒店）
7	上海迪士尼乐园酒店
8	无锡灵山度假区（酒店）
9	珠海长隆企鹅酒店
10	珠海海泉湾大酒店

第五章

未来展望

一、坚持文化引领，创造优势 IP 内容

内容是 IP 有效传播和商业实现的基础，文化内涵是 IP 内容的核心。正如戴斌院长所说，IP 可能是“网红”，但“网红”不一定是 IP，到处都是大型灯光秀、无人机组字拼图、不倒翁小姐姐，时间长了，审美就疲劳了。文化和旅游 IP 建设不能仅仅满足于培育几个“网红”打卡地，而是要坚持文化引领，持之以恒地营造城乡居民流连忘返的高品质生活场景。集中优质人力、资金、信息资源，加强 IP 的文化理解、文化挖掘和内容创新，站在更高角度去探索更大视野的文化既包括承载地区、国家和人类共同价值观的传统文化，也包括表现城市进步、民族复兴和人民幸福的当代文化；既包括歌剧、芭蕾舞、交响乐、油画、文学等主流艺术形式，也包括电影、电视、流行音乐、广场舞等大众文化，还包括青少年群体喜闻乐见的街舞、动漫、电子竞技、脱口秀等新兴文化。要依托文化内核，实现文化和旅游 IP 的持续创新。

二、打通产业链条，营造 IP 生态闭环

以 IP 内容为核心，通过商业运作、跨界融合、行业合作共

赢等方式，打通全产业链条，逐步完善 IP 生态，打造生态闭环。2020 年，旅游跨界融合呈现出新气象，华为、石基、腾讯等科技企业纷纷进入旅游领域。文化、娱乐、体育业与数字经济深度融合，观演 + 旅游、博物馆 + 旅游、美食 + 旅游、研学 + 旅游等都受到 Z 世代游客青睐。线上演播、沉浸式体验、云演艺等新文娱业态和在线健身等新业态快速崛起。无论是跨界突破，还是跨区域整合，融合创新已经为文化和旅游 IP 产业链优化和创新升级提供利好环境。文化和旅游 IP 市场将最终表现为整条产业价值链上的竞争，全力构建一条独特的 IP 产业链，围绕主题项目运营衍生出前端研发、推广等以及后端餐饮、商业、酒店及其他消费领域的链条是行业发展核心价值所在。

三、加强政策指引与扶持，优化 IP 发展环境

目前，文化和旅游 IP 相关的行业标准、规范和政策文件均相对缺乏，存在质量参差不齐、短线开发、变现模式单一等问题，文化和旅游 IP 品质升级迫切需要政策引导、行业规范和企业积极探索。因此，未来需要文化和旅游主管部门加强对文化和旅游 IP 建设的指导意见等政策指引。IP 研发的前期投入和风险巨大，一般中小型文创企业无法负担，进而面世的文创产品种类较少且形象单一。此时应发挥政府的财政优势，加大产业扶持力度。政府

可以通过 PPP 运营等方式参与部分精品 IP 的研发，通过杠杆作用让更多有热情、有创意、有市场敏感度的文创团队加入文化和旅游 IP 建设中。

参考文献

［1］候仁勇，杨道云，陈红．城市创新能力评价指标体系的构建及实证分析［J］．科技进步与对策，2009，26（17）：141-143.

［2］范柏乃，单世涛，陆长生．城市技术创新能力评价指标筛选方法研究［J］．科学学研究，2002（6）：663-668.

［3］段利忠，刘思峰．灰色聚类分析法评价城市创新能力［J］．北京工业大学学报，2003（4）：508-512.

［4］李斌，田秀林，张所地，赵华平．城市创新能力评价及时空格局演化研究［J］．数理统计与管理，2020，39（1）：139-153.

［5］何天祥．中部地区创新型城市群创新能力评价［J］．统计与决策，2010（12）：31-33.

［6］范柏乃，吴晓彤，李旭桦．城市创新能力的空间分布及其影响因素研究［J］．科学学研究，2020，38（8）：1473-1480.

［7］包海波，林纯静．长三角城市群创新能力的空间特征及影

响因素分析［J］. 治理研究，2019，35（5）：51-58.

［8］何舜辉，杜德斌，焦美琪，林宇. 中国地级以上城市创新能力的时空格局演变及影响因素分析［J］. 地理科学，2017，37（7）：1014-1022.

［9］谢远涛，李虹，邹庆. 我国资源型城市创新指数研究以116个地级城市为例［J］. 北京大学学报（哲学社会科学版），2017，54（5）：146-158.

［10］易明，高璐，杨丽莎. 长江中游城市群创新能力的时空动恣演化规律研究［J］. 统计与决策，2017（5）：134-138.

［11］曹勇，曹轩祯，罗楚珺，秦以旭. 我国四大直辖城市创新能力及其影响因素的比较研究［J］. 中国软科学，2013（6）：162-170.

［12］徐晨. 旅游企业创新类型及其产生机理研究［D］. 上海：上海师范大学，2014.

［13］Weiermair K. Product Improvement or Innovation：What is the Key to Success in Tourism［C］Innovation and Growth in Tourism，2004：53-69.

［14］Decelle X. A Dynamiac Conceptual Approach to Innovation in Tourism［C］. Innovation and Growth in Tourism，2006：85-106.

［15］Hall C M，Williams A M. Tourism and Innovation［M］. London：Routledge，2008，5.

［16］刘曙霞.旅游商品营销创新研究［J］.中国流通经济，2009，23（10）：61-64.

［17］胡宇橙，钱亚妍.CRM 对旅游企业市场营销创新的借鉴及推动分析［J］.企业活力，2007（10）：36-37.

［18］侯兵，黄震方，徐海军.外部性视角的城市旅游公共管理体制变革与创新［J］.商业经济与管理，2009（6）：74-81.

［19］肖瑶.基于公司治理理论的旅游景区管理模式创新研究［D］.湘潭：湘潭大学，2007.

［20］董巧红.五台山景区管理体制创新研究［D］.太原：山西大学，2014.

［21］刘际平.河南省嵩山少林寺景区文化旅游产品创新开发研究［D］.南宁：广西大学，2013.

［22］王冠孝，晋迪.新常态下区域旅游业创新能力评价研究——以山西省为例［J］.运城学院学报，2021，39（1）：59-65.

［23］Furman J L，Porter M E，Stern S.The Determinants of National Innovative Capacity［J］.Research policy，2002，31（6）.

［24］魏守华，吴贵生，吕新雷.区域创新能力的影响因素-兼评我国创新能力的地区差距［J］.中国软科学，2010（9）.

［25］周业安，程栩，赵文哲，等.地方政府的教育和科技支出竞争促进了创新吗？——基于省级面板数据的经验研究［J］.中国人民大学学报，2012，26（4）.

［26］Glaeser E L，Kallal H D，Scheinkman J A，et al. Growth in Cities［J］.Journal of Political Economy，1992，100（6）.

［27］Prats L，Guia J，Molina F X. How Tourism Destinations Evolve：The Notion of Tourism Local Innovation System［J］. Tourism & Hospitality Research，2008，8（3）：178-191.

［28］李冠颖，武邦涛 . 上海旅游业创新能力影响因素评价模型研究［J］. 河北工业科技，2013，30（4）：223-226+232.

［29］江珂 . 旅游业创新能力测评的指标体系构建及其应用研究［D］. 广州：华南理工大学，2012.

附表1 国内主要旅游城市列表

序号	城市	序号	城市	序号	城市
1	北京	2	上海	3	重庆
4	沈阳	5	西安	6	广州
7	天津	8	苏州	9	洛阳
10	南京	11	成都	12	杭州
13	石家庄	14	承德	15	秦皇岛
16	郑州	17	延安	18	吉林
19	大连	20	哈尔滨	21	长春
22	济南	23	青岛	24	合肥
25	黄山	26	广安	27	长沙
28	张家界	29	海口	30	三亚
31	南昌	32	贵阳	33	遵义
34	昆明	35	南宁	36	桂林

续表

序号	城市	序号	城市	序号	城市
37	厦门	38	福州	39	深圳
40	珠海	41	太原	42	宁波
43	无锡	44	武汉	45	乌鲁木齐
46	西宁	47	呼和浩特	48	兰州
49	拉萨	50	银川	51	北海
52	烟台	53	延边	54	九江
55	大同	56	温州	57	汕头
58	湘潭	59	赣州	60	丽江

项目策划：段向民
责任编辑：武　洋
责任印制：孙颖慧
封面设计：武爱听

图书在版编目（CIP）数据

中国旅游业创新和 IP 发展报告．2020-2021 / 中国旅游研究院，驴妈妈旅游网编著．-- 北京 ：中国旅游出版社，2022.8

ISBN 978-7-5032-7007-9

Ⅰ．①中… Ⅱ．①中… ②驴… Ⅲ．①旅游业发展－研究报告－中国－ 2020-2021 Ⅳ．① F592.3

中国版本图书馆CIP数据核字(2022)第141624号

书　　名：中国旅游业创新和 IP 发展报告（2020—2021）

作　　者：中国旅游研究院　驴妈妈旅游网　编著
出版发行：中国旅游出版社
（北京静安东里 6 号　邮编：100028）
http://www.cttp.net.cn　E-mail:cttp@mct.gov.cn
营销中心电话：010-57377108，010-57377109
读者服务部电话：010-57377151
排　　版：北京旅教文化传播有限公司
经　　销：全国各地新华书店
印　　刷：北京工商事务印刷有限公司
版　　次：2022 年 8 月第 1 版　2020 年 8 月第 1 次印刷
开　　本：720 毫米 × 970 毫米　1/16
印　　张：8.5
字　　数：77 千
定　　价：49.80 元
I S B N　978-7-5032-7007-9